JN412339

반나절 회계기초

반나절 회계기초

2019년 3월 21일 초판 발행
2023년 2월 3일 3판 발행

지 은 이 | 윤상철
발 행 인 | 이희태
발 행 처 | 삼일인포마인
등록번호 | 1995. 6. 26 제3-633호
주 소 | 서울특별시 용산구 한강대로 273 용산빌딩 4층
전 화 | 02)3489-3100
팩 스 | 02)3489-3141
가 격 | 18,000원

ISBN 979-11-6784-114-8 93320

궁금해? 반나절만 읽어봐

개정판

반나절 회계기초

기업분석 with Python

윤상철 지음

SAMIL | 삼일인포마인

머리말

회계를 배우면 무엇이 달라질까

회계의 경험이 없는 분들에게 강의를 시작한지 수년이 흘렀지만 아직까지 회계를 배워 인생의 변화가 발생한 사례는 보지 못했다. 회계 학습의 동기를 부여하기 위해서라도 달콤한 보상이나 밝은 미래를 제시하면 좋겠지만 강의를 하는 내 자신부터도 변화를 체험했다고 하기에는 부족한 모습만을 보여줄 뿐이다. 그럼에도 매년 수천 명이나 되는 다양한 출신의 수강생을 대상으로 회계강의를 할 수 있는 건 아마도 회계가 우리 주변에서 일어나는 회사나 개인들의 사건을 이해하는 데 도움을 주어서가 아닐까 생각해보았다.

연말이 되면 올해에는 얼마를 벌었고 얼마를 썼는지, 얼마가 남아있는지 계산해보곤 한다. 직장인으로서 버는 돈이야 뻔하지만 지출은 나름 계획에 따라 움직일 수 있기 때문이다. 그리고 연초의 계획과 연말의 결과를 비교하며 스스로 반성하는 계기를 만들 수 있었다.

사업을 수행하기 위해 설립된 회사도 마찬가지이다. 사업을 통해 얼마를 벌고 쓰는지 주기적으로 확인해야 반성도 하고, 미래에 대한 새로운 계획을 세울 수도 있다.

우리가 지금부터 배우고자 하는 회계는 회사가 하는 거래를 기록하고 연간 영업성과를 산출하며, 그 결과로 자산이나 부채와 같은 재무정보가 얼마나 증감하는지 재무제표를 통해 보여준다. 그리고 이러한 정보는 나를 포함한 이해관계자들이 유용하게 이용할 것이다. 따라서 회계를 공부함으로써 우리는 내가 다니는 회사뿐만 아니라 경쟁회사나 거래처, 투자대상 회사들, 아니면 내가 좋아하는 회사들의 재무적인 현황을 이해하고 미래의 행동을 예측하여 투자나 경영의사결정에 도움이 되는 쓸모 있는 정보를 얻게 될 것이라 기대한다.

부디 이 책이 회계에 첫 발을 딛는 이들에게 그 견고한 시작점이 되길 기원한다.

2023년 2월

저자

차례

제 1 장

회계개론

1. 회사의 탄생

여기에 화장품 제조 및 판매 사업을 시작하기 위해 세 명의 투자자가 모여 견적을 내고 있다. 투자금은 총 4억원이 필요한데 각자 가지고 있는 돈이 모자라기 때문에 공동으로 투자해야 사업을 시작할 수 있다. 그래서 셋은 아래와 같이 서로 다른 금액을 투자하여 사업을 시작했고 몇 달 뒤 매출 발생과 함께 이익이 남기 시작했다. 이렇게 매일 발생하는 사업의 이익은 당연히 투자자들의 몫으로 투자자들은 매번 투자비율에 따라 배분받고 싶어 할 것이다.

항 목	투자자 A	투자자 B	투자자 C
투자금액	1.5억원	1.5억원	1억원
투자비율(지분율)	37.5%	37.5%	25%
1일차 이익 2백만원	75만원 배분	75만원 배분	50만원 배분
2일차 이익 4백만원	150만원 배분	150만원 배분	100만원 배분

회사제도가 존재하는 이유는 다양하지만, 위와 같이 개인이 단독으로 하기 힘든 사업을 수행하기 위해 다수가 투자금을 모아 회사를 설립하는 경우가 많다. 이때 사업을 수행하는 집단을 회사라고 부르고 민법에서는 회사를 하나의 사람과 같이 취급하여 자산을 소유할 수도 있고 빚을 질 수도 있게 하였다(이를 권리와 의무의 주체가 될 수 있는 인격이 있다고 표현한다). 그리고 법에서 인격을 부여했다는 의미로 법인이라고 부른다. 이러한 (영리)법인은 사업을 수행하여 이윤을 창출하고 이를 투자자인 주주에게 돌려주기 위해 존재한다. 결국 법인이 사업활동을 통해서 이익을 남긴다면 이는 궁극적으로 주주의 것이다.

하지만 위와 같이 매일 투자수익을 배분하기 위해서는 매일 얼마의 이익이 남았는지 계산하여야 하고, 또 손실이 발생한 날이 있다면 현금이 모자라는지 확인하여 돈을 새롭게 걷어야 할 수도 있다. 이렇게 번거로운 작업을 매일 하는 대신 대부분의 회사는 1년 한 번씩 한 해의 수익과 비용을 통산하여 이익을 계산하고, 이를 투자자에게 보고하여 배분을 결정하게 한다. 이때 회사의 사업성과와 재무현황을 보고하는 활동이 회계이다. 그리고 투자한 사람들에게 모두가 알고 있는 방식으로 정보를 가공하여 보여주고, 의사결정에 도움을 주고자 회계는 사업에서 발생하는 재무적인 정보를 재무제표라는 형식으로 가공하여 정보를 필요로 하는 정보이용자들에게 보여준다. 현재 회계에서 정하는 재무제표는 아래의 5가지로 구성되고 있다.

정보의 종류	정보 명칭	재무제표의 종류
판매금액	매출액	손익계산서
비용지출액	비용	
이익	당기순이익	
현금보유액	현금 및 현금성자산	재무상태표
기계장치	유형자산	
임차보증금	투자자산	
투자자별 투자금액	자본금	
연간 현금의 유출입	현금흐름	현금흐름표
투자금과 이익, 배분	자본변동	자본변동표
회사의 설립목적	기타 정보	주석
주주의 구성		
자산·부채·손익 명세		

우리나라의 회사들은 투자자인 주주에게 사업의 이익을 돌려주는 배당을 잘 하지 않거나 배당금액(배당성향: 현금배당/당기순이익)이 낮은

편이다. 즉, 매해 벌어들인 이익을 주주에게 배분하기보다 회사 내부에 유보하는 경우가 많다. 하지만 주주에게 배분하지 않은 이익이라도 이 이익은 주주의 것임을 부정할 순 없다. 따라서 회사의 내부에 유보된 이익의 규모를 주주에게 계속 공시하는데 이를 재무상태표에 이익잉여금 항목으로 찾아볼 수 있다. 이렇게 재무제표에는 정보이용자들이 관심 있어 할만한 정보들을 분류하여 이름을 붙이는데 이를 '계정과목'이라고 한다. 우리는 다음 단원에서 재무제표에 중요한 계정과목과 특징을 배우게 될 것이다.

보론 :: 배당을 받지 않으면 주주는 손해를 볼까?

회사의 이익을 주주에게 배분하는 행위를 배당이라고 하고 상법에는 배당의 정의와 배당을 결정하기 위한 요건 등이 규정되어 있다.

[보론] 상법 배당의 규정

제462조【이익의 배당】① 회사는 대차대조표의 순자산액으로부터 다음의 금액을 공제한 액을 한도로 하여 이익배당을 할 수 있다.

② 이익배당은 주주총회의 결의로 정한다. 다만, 제449조의 2 제1항에 따라 재무제표를 이사회가 승인하는 경우에는 이사회의 결의로 정한다.

③ 제1항을 위반하여 이익을 배당한 경우에 회사채권자는 배당한 이익을 회사에 반환할 것을 청구할 수 있다.

그런데 만약 주주가 회사로부터 배당을 받지 못한다면 그만큼 손해를 보게 될까? 아니다. 회사로부터 배분받지 못한 이익은 이후에 언제라도 배당을 결정할 수 있고, 이론적으로 배당하지 않더라도 그만큼 주식의 가치가 높아지기 때문에 주주의 부에는 변함이 없다.

2. 주식의 거래와 공시의무

회사는 사업을 수행하고자 하는 목적에서 설립되지만 회사의 규모가 거대해지면서 많은 수의 투자자들로부터 투자금을 유치하여야 할 필요성이 생기기 시작했다. 또한 별도로 은행으로부터 차입도 필요해졌다. 하지만 여기에는 문제가 있었는데 바로 회사에 투자하는 투자자들의 목적이 너무나도 다양하다는 점이다. 큰 규모의 자본이 필요한 사업을 하고 싶은 사람은 많았지만 투자자들마다 생각하는 사업의 방향과 전략이 다르고 무엇보다도 투자하고자 하는 기간과 금액도 크게 다르다. 그래서 회사는 투자자들에게 투자금액에 비례하여 주식이라는 투자증서를 발행하여 주고 투자자들이 손쉽게 주식을 사고팔 수 있는 시장을 만들었다. 누구라도 이 증서를 구매하면 투자자의 권리를 보장받는다. 또한 주식 거래시장은 회사가 발행한 주식만을 거래하는 장소로서 누구나 어느 회사의 주식이 얼마에 몇 주가 거래되었는지 쉽게 알 수 있도록 하였다. 그리고 투자자들의 거래 안전을 보호하기 위해 시장에서 거래할 수 있는 주식의 종류를 제한하기 시작했다. 즉, 시장에서 주식을 거래할 수 있게 하기 위해선 일정 요건을 충족하여 회사가 우량함을 증명하도록 했다. 이렇게 주식의 거래가 증가하자 사람들은 자신이 투자한 회사나 앞으로 투자할 수도 있는 회사에 대한 정보에 더 큰 관심을 보이기 시작했다. 그래서 정부에서는 이렇게 회사의 정보이용자를 위해 회사의 재무정보를 주기적으로 공개하여 누구라도 쉽게 볼 수 있도록 공시제도를 만들었다. '주식회사 등의 외부감사에 관한 법률'에서는 주식회사의 규모에 따라 회사의 정보를 작성하여 공시할 책임을 규정하고 있다.

보론 :: 재무제표 공시 규정(주식회사 등의 외부감사에 관한 법률)

[법 제23조]

① 감사인은 감사보고서를 대통령령으로 정하는 기간 내에 회사(감사 또는 감사위원회를 포함한다) · 증권선물위원회 및 한국공인회계사회에 제출하여야 한다. 다만, 「자본시장과 금융투자업에 관한 법률」 제159조 제1항에 따른 사업보고서 제출대상법인인 회사가 사업보고서에 감사보고서를 첨부하여 금융위원회와 같은 법에 따라 거래소허가를 받은 거래소에 제출하는 경우에는 감사인이 증권선물위원회 및 한국공인회계사회에 감사보고서를 제출한 것으로 본다.

⑤ 회사는 대통령령으로 정하는 바에 따라 재무제표와 감사인의 감사보고서를 비치 · 공시하여야 한다.

⑦ 회사의 주주등 또는 채권자는 영업시간 내에 언제든지 제5항에 따라 비치된 서류를 열람할 수 있으며, 회사가 정한 비용을 지급하고 그 서류의 등본이나 초본의 발급을 청구할 수 있다.

[시행령 제27조]

③ 법 제23조 제1항 본문에 따라 감사인이 감사보고서를 증권선물위원회 및 한국공인회계사회에 제출해야 하는 기한은 다음 각 호의 구분에 따른다.

1. 재무제표: 정기총회 종료 후 2주 이내(회생절차가 진행 중인 회사인 경우에는 해당 회사의 관리인에게 보고한 후 2주 이내)

④ 증권선물위원회 및 한국공인회계사회는 제3항에 따라 감사인으로부터 제출받은 감사보고서를 법 제23조 제2항 본문에 따라 3년 동안 일반인이 열람할 수 있도록 하고, 인터넷 홈페이지에 게시하여야 한다.

그런데 만약 회사들이 저마다의 방식으로 재무정보를 만들어 공시한다면 회사를 처음 접하는 정보이용자에게는 유용한 정보를 찾아보기 어려울 수 있다. 따라서 누구라도 쉽게 알아볼 수 있는 익숙한 방식으로 정보를 가공할 필요가 있었다. 이를 위해 재무정보를 공시하는 대부분의 회사들에게 일정한 기준에 맞추어 재무정보를 공시하게 하였는데 이를 '회계기준'이라 한다. 현재 우리나라에서 이용되고 있는 주요 회계기준은 두 가지이고 회사의 종류에 따라 적용하는 기준이 서로 다르다.

대부분의 회사는 일반기업회계기준을 이용하므로 이를 기준으로 자세히 알아보도록 하자.

분 류	이용대상
한국채택국제회계기준 (K-IFRS)	• 상장회사, 금융회사 • 한국채택국제회계기준 이용을 선택한 회사
일반기업회계기준	• 한국채택국제회계기준을 채택하지 않는 회사

3. 재무상태표와 손익계산서

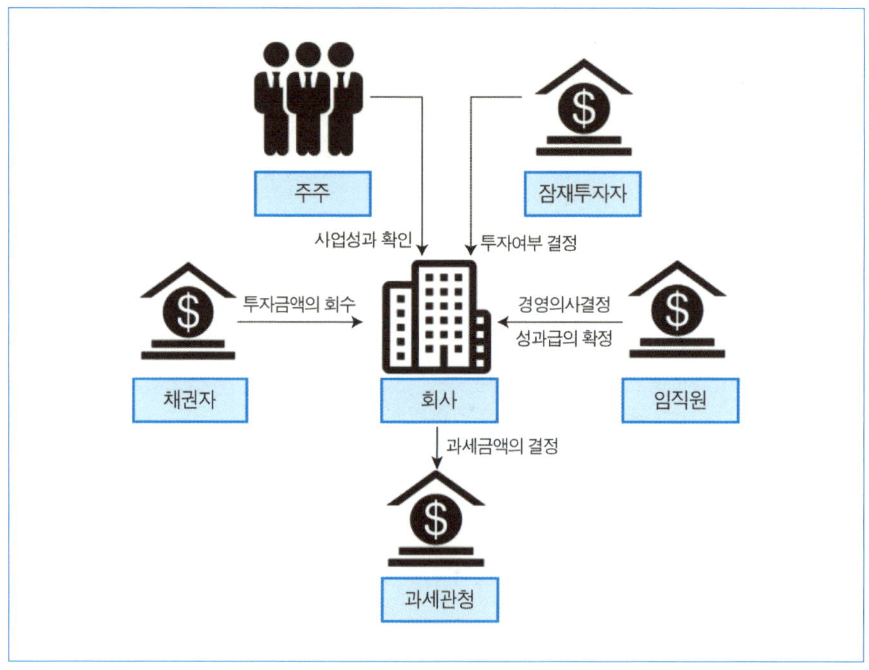

회사의 재무정보에 관심 있는 사람은 다양하지만 그 중에 회사에 투자한 주주와 채권자가 가장 중요한 정보이용자일 것이다. 둘 다 자신의 현금을 회사에 투자했기 때문에 투자수익을 계산하기 위해 주주는 배당

받을 수 있는 이익을, 채권자는 채무자인 회사가 본인에게 지급할 원리금 이상의 현금을 보유하고 있는지 궁금해 할 것이다. 또한 주주와 채권자 외에 그 회사에 관심이 있는 잠재적인 투자자들이 투자여부를 결정하기 위해 재무정보를 얻고 싶어 할 것이고, 회사의 경영자와 임직원, 그리고 과세당국이나 경쟁회사도 정보이용자로서 각자 원하는 재무정보가 다양하게 존재할 수 있을 것이다.

올 초에 취직에 성공한 이현준씨는 주식투자를 위해 증권사에 계좌를 열었다. 온라인 증권거래 정보창에는 회사의 재무정보와 뉴스, 거시경제지표가 실시간으로 올라오고 있었다. 처음 주식투자를 접한 이현준씨는 어느 기준으로 회사를 평가하고 주식에 투자할지 막막했다. 그래서 최근에 긍정적인 뉴스가 많이 나오던 재직 중인 회사를 가지고 공부를 시작했다. 매출액, 당기순이익이 사상 최고라는 기사도 눈에 들어왔다. 좋은 정보가 있으니 주식의 가격은 당연히 오를 것 같았다. 그런데 회사의 가치가 오르면 왜 주식의 가치도 덩달아 오르는 걸까? 적은 수의 주식으로는 회사의 경영에 참여할 수도 없을 텐데 말이다. 그리고 주식의 가격을 결정짓는 회사의 재무정보는 어떤 것이 있을까? 이현준씨는 궁금해지기 시작했다.

일반적으로 정보이용자들은 회사가 이익을 얼마나 내고 있는지를 궁금해 한다. 회사의 목적이 이윤을 창출하여 주주에게 배당하는 데 있으므로 어쩌면 회사의 이익은 회사의 재무정보 중 가장 중요하다고 볼 수 있다. 그 다음으로는 매출액이 있다. 매출액은 회사의 사업에서 벌어들이는 수익금액으로 물건을 판다면 물건의 총 판매금액, 서비스업이라면 서비스제공의 대가로 수령한 총 금액이 될 것이다. 매출액은 이익을 늘리는 가장 기본적인 항목일 뿐만 아니라 회사가 속해있는 업종 내에서 회사의 시장점유율을 가늠해 볼 수 있는 정보로 쓰일 수도 있다. 다음으로는 회사가 보유한 자산이 얼마인지 회사가 부담하고 있는 부채가 얼마인지의 정보도 필요할 것이다. 회사에 돈을 빌려준 은행의 입장에서는 대여한 원금과 이자의 회수가 가장 중요한 사건이기 때문에 회사가 이익을 충분히 창출하는지, 그렇지 않다면 회사의 현재의 자산규모와 본인 이외의 다른 채권자가 누가 있는지도 중요한 정보가 될 것이다. 마지막으로 사람들은 회사의 경영자가 누구인지, 주주는 어떤 구성이고 업종의 현황은 어찌되는지 등 정보도 중요하게 생각할 것이다.

구 분	정보의 종류	관심을 가지는 정보이용자
일정기간의 영업성과	당기순이익	모든 정보이용자
	매출액	
한 시점의 재무상태	자산 규모/부채 규모	채권자, 기타 정보 이용자
회사의 정성적 정보	사업현황, 이사, 발행주식수 등	모든 정보이용자

위와 같이 정보이용자들에게 필요한 정보를 특성에 따라 분류를 해보면 재무정보 중에는 일정한 기간이 정의되어야 의미가 있는 정보들이 있다. 예를 들어 매출액과 비용, 당기순이익과 같은 정보는 일정 기간을 정하고 이 기간 안에 발생한 수익과 비용을 모아야 의미 있는 정보가 된다. 이러한 정보들을 한데 모아 놓은 재무제표를 "손익계산서"라고 한다. 손익계산서는 일반적으로 연간 회사가 벌어들인 매출액과 같은 수익에서 이 수익을 벌기 위해 써버린 비용이 얼마인지를 보여주고 마지막으로 남긴 이익이 얼마인지를 계산한 표다. 한편 일정시점에 회사가 가진 권리·의무에 대한 정보를 주는 항목들이 있다. 12월 31일 현재 회사가 소유권을 가지고 있는 자산들과 회사가 갚아야 하는 부채가 있을 것이다. 이러한 자산과 부채의 금액은 일정한 기간 동안 금액의 변동이 있을 수 있겠지만 재무정보를 공시하는 날 현재의 잔액이 더 중요한 정보일 것이다. 이렇게 일정 시점 현재 회사의 자산과 부채를 보여주는 재무제표를 "재무상태표"라고 한다.

분 류	주요 정보
손익계산서	수익(매출액, 영업외수익), 비용(매출원가, 판매비와관리비, 영업외비용)
재무상태표	자산, 부채, 자본

이하에서는 재무제표 중에 손익계산서와 재무상태표를 중심으로 중요한 계정과목과 특성을 배워보도록 하자.

제 2 장

재무제표의 이해

1. 손익계산서의 구조

회사는 주주를 대신하여 사업을 수행하고 주주에게 이익을 배분하기 위해 존재한다. 따라서 회사의 재무정보에서 주주에게 가장 중요한 정보는 일정 기간 동안 회사가 벌어들인 수익에서 비용을 차감하고 남은 이익의 금액일 것이다. 그 이익을 지분률에 따라 주주들이 나누어 가져갈 것이기 때문이다. 그렇기 때문에 회사는 주기적으로 일정 기간 동안 벌어들인 이익을 계산하여 보여주고자 하고, 이에 따라 손익계산서는 먼저 아래와 같이 작성해 볼 수 있다.

손익계산서	
	수익
(−)	비용
	이익
÷	주식수
	주당이익

회사는 일정한 기간 동안의 수익과 비용, 이익을 보여주고 그 밑에는 회사가 발행한 주식수를 표시하여 이익을 주식수로 나누고 있다. 이렇게 계산된 금액은 회사가 일정 기간 동안 벌어들인 이익의 1주당 배당 가능 금액을 보여준다. "주당이익"은 회사가 연간의 이익을 모두 배당할 경우 한 주당 배분될 배당금액을 의미한다. 지금까지 손익계산서의 기본 구조를 만들어 보았다. 이제부터 정보이용자에게 좀 더 유용한 정보를 제공하기 위해 손익계산서를 고쳐보도록 하자.

(1) 영업이익과 당기순이익

먼저 회사에서 발생할 수 있는 수익은 크게 보면 두 가지 종류로 나눌 수 있다. 예를 들어 앞서 본 화장품 제조 사업에서 가장 주된 수익은 무엇보다도 화장품의 판매수익일 테지만 이것 외에도 화장품 제조기술을 전수하고 얻은 로열티수익이나 사용하던 기계를 중고업자에게 비싸게 매각하고 생긴 수익도 있을 수 있다. 이 중 정보이용자는 어떤 수익에 가장 관심이 많을까? 당연히 회사의 설립 목적이자 존재의 이유인 주된 사업에서 발생하는 수익일 것이다. 그렇다면 이 수익은 다른 수익들과 분리하여 별도로 표시하는 것이 유용할 것이고, 회계기준에서는 이러한 수익을 손익계산서의 맨 위에 "매출액"이라는 이름으로 표시한다. 그리고 그 외의 수익은 영업과 관련 없는 수익으로 영업이익 하단에 "영업외수익"으로 표시한다.

손익계산서		
	매출액	주된 사업의 수익액
(−)	영업비용	주된 사업의 지출비용
	영업이익	
+	영업외수익	기타 사업의 수익액
(−)	영업외비용	기타 사업의 손실액
	당기순이익	
÷	주식수	
	주당이익	

또한 수익과 같은 방식으로 비용도 분류한다면 매출액과 관련된 비용을 매출액의 하단에 놓고, 주된 영업활동과 관련이 없는 비용을 '영업외비용'으로 영업외수익 하단에 표시할 수 있을 것이다. 그러고 나면 매출액에서 영업관련 비용을 차감하여 '영업이익'을 계산할 수 있다. 이렇게 영업에서 발생하는 이익인 영업이익과 영업 외에서 발생하는 이익을 구분할 수 있게 된다. 이렇게 회사의 주된 사업에서 발생하는 수익, 비용과 그 외의 수익, 비용을 구분하여 표시하면 영업이익을 분리해낼 수 있고, 이를 통해 미래에 계속적으로 발생할 영업이익을 추정해 볼 수도 있고 영업의 성과를 정확히 구분하기에도 유용할 것이다. 이렇게 분류하여 순서대로 표시하고 나면 영업이익에서 영업외수익과 영업외비용을 가감하고 남은 이익으로서 회사가 일정 기간 동안 남긴 최종의 이익인 "당기순이익"을 계산할 수 있다.

지금까지 손익계산서의 기본 구조를 살펴보았다. 추가적으로 손익계산서를 작성하는 데 필요한 이론인 수익이나 비용의 인식시기와 분류기준에 대해서는 뒤에서 배워보도록 하자.

2. 재무상태표의 구조

(1) 재무상태표의 구성항목과 대차평균의 원칙

재무상태표는 회사의 재무정보 중 일정 시점 현재 회사가 소유하고 있는 자산과 갚아야 할 부채의 금액 그리고 자산에서 부채를 차감하고 남은 잔액인 자본을 표시하고 있다.

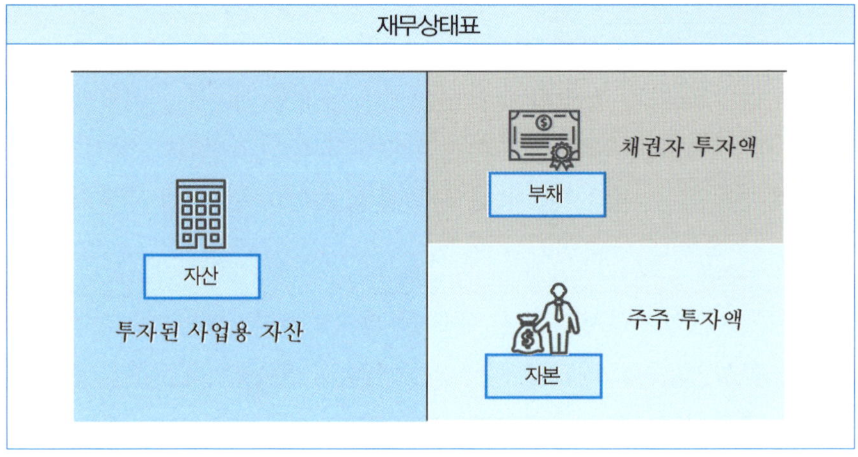

일반적으로 재무상태표는 자산과 부채, 자본의 계정과목과 금액을 일렬로 표시하지만 이를 상단 그림처럼 T자 형태로 그리기도 한다. 위와 같이 좌측에 자산을 우측에 부채와 자본을 기록하는 경우 좌측의 자산의 합계는 우측의 부채 및 자본의 합계와 항상 같은 것을 확인할 수 있다. 이를 대차평균의 원칙이라고 한다. 이는 회사가 보유한 자산이 결국 회사에 투자한 채권자와 주주의 투자금으로 취득한 것이기 때문이고, 취득의 이후에도 발생하는 이익과 손실, 그 결과로 보유하는 자산도 모두 투자자들에게 귀속되기 때문에, 채권자의 투자금액인 부채와 주주의 투자금액인 자본은 자산의 합계와 같을 수밖에 없게 된다.

(2) 자산

회사는 사업을 하기 위해 필요한 자산을 취득한다. 예를 들어 화장품 제조업의 경우 제품을 생산할 기계장치가 필수적으로 필요하고 그 밖에 원재료뿐 아니라 사무를 보기 위한 책상, 의자와 같은 비품, 운반을 위한 차량도 필요할 것이다. 이러한 자산들은 회사가 일정시점에 보유할 수 있는 재산적 가치가 있는 것들로서 '얼마의 금액으로 기록할 것인가' 하는 평가의 문제와 '특정한 사건이 발생하여 회복할 수 없을 정도로 가치가 현저히 떨어진 경우 자산의 가치를 어떻게 표시할지'를 고민하는 손상의 문제가 주요 쟁점이 된다.

항 목	주요 쟁점항목
평 가	자산 평가의 원칙 • 역사적 원가주의 : 취득금액 - 상각액 • 시가주의 : 재무제표 작성시점의 시가
손 상	손상의 징후 파악과 손상금액의 계산

(3) 부채와 자본

사업에 사용하기 위한 자산을 취득하거나 영업활동에 필요한 비용을 지출하기 위해 회사는 지속적으로 필요한 현금을 조달해야 한다. 회사가 현금을 조달하기 위한 가장 바람직한 방법은 영업에서 이익을 남기는 것이지만 영업이 원활하지 않거나 대규모의 투자를 계획하는 경우에 회사는 모자란 현금을 조달하기 위해 크게 두 가지 방법을 이용할 수 있다.

항 목	투자자	특 징
부 채	채권자(은행 등)	• 주주보다 우선 변제권 • 만기 존재, 이자 지급
자 본	주주	• 투자금액 변제 없음 • 만기 없음, 배당 지급

채권자와 주주는 회사의 사업을 위해 현금을 투자한 투자자임에는 분명하지만 투자조건과 투자기간에 큰 차이가 있다.

먼저 채권자는 회사에 현금을 대여하는 방식으로 투자하고 대여시점에 만기와 이자율의 조건이 정해지는데 그에 따라 회사는 대여기간 중에 이자를 지급하고 만기에는 원금도 지급할 의무를 가진다. 그리고 채권자는 투자한 원금과 이자를 주주보다 우선하여 변제받을 권리를 가진다. 채권자는 주주처럼 경영자를 뽑을 수 없고, 단지 현금을 빌려주고 원금과 이자를 변제받을 권리만을 가지기 때문이다. 따라서 회사의 이익이 크게 남아도 받을 수 있는 금액은 원리금으로 한정되는 대신에 회사가 손실을 내더라도 원금과 이자는 보장받는다. 극단적으로 회사가 망하여 청산의 길을 걸어도 채권자는 회사의 자산을 처분하여 우선적으로 투자금액을 변제받을 수 있다. 이때 주주는 회사의 자산을 모두 팔아 현금화한 후 부채를 상환하고도 남은 잔액이 있다면 이제야 지분율에 비례해서 배분받게 된다. 이를 잔여재산가액을 분배한다고 표현한다.

그런데 만약 자산을 처분해도 부채를 갚는데 모자란다면 어떨까? 이때 주주는 채권자를 위한 추가적인 의무를 부담하지는 않는다. 즉, 채권자는 모자란 금액만큼 손실을 보고 주주는 잔여재산이 없기 때문에 이미 투자한 금액을 회수하지 못할 뿐이다. 이처럼 회사의 주인인 주주가 제한적인 의무를 부담하게 하는 이유는 회사의 사업에 원활한 자본조달을 위해 주식시장을 활성화할 필요가 있고, 그러기 위해선 주주의 추가적인 의무를 제한하여 주식투자의 위험을 낮출 필요가 있기 때문이다. 결국 거대한 자본을 통해 사업을 수행하게 하여 국민의 편익을 극대화하기 위해 회사제도가 잘 유지될 필요가 있고, 따라서 투자자의 위험을 줄여 사업자금을 쉽게 모집하도록 한 주식회사제도가 가지는 특징이라고 볼 수 있다.

위에서 보듯 결국 회사의 자산은 채권자와 주주가 그 권리자라고 할 수 있다. 따라서 투자자들의 권리 금액을 재무상태표에 표시하고자 채권자의 권리는 "부채", 주주에게 귀속될 금액을 "자본"으로 부르기 시작했다. 그리고 자본의 금액은 언제나 자산의 금액을 최고 한도로 자산에서 부채를 차감한 잔액으로 볼 수 있기 때문에 회계에서도 자본은 자산에서 부채를 차감하고 남은 나머지 금액으로 표시하도록 하고 있다. 결과적으로 자산의 합계는 부채와 자본의 합계와 같게 되는데 자본의 정의를 생각하면 당연한 결과라고 할 수 있다.

지금까지 재무상태표의 기본 구조를 살펴보았다. 자산과 부채, 자본의 세부 계정과목은 아래와 같이 순서대로 학습해 보도록 하자.

차변 계정과목 – 자산		대변 계정과목 – 부채	
현금 및 현금성자산	유형자산	매입채무	선수금
매출채권	무형자산	차입금	사채
재고자산	투자부동산	미지급금	충당부채
대여금	선급금	**대변 계정과목 – 자본**	
미수금	선급비용	자본금	자본잉여금
금융상품		자본조정	이익잉여금
		기타포괄손익누계	

(4) 자산의 주요 계정과목과 회계처리

자산은 사업활동을 수행하게 하는 중요한 자원일 뿐만 아니라 사업활동을 종료하고 회사가 소멸하는 경우에 투자자에게 돌려줄 잔여자금이 되기도 한다. 따라서 자산의 종류와 금액에 대해 투자자들이 궁금해 할 것이다. 현재 회계기준에서는 투자자들의 관심에 따라 아래와 같은 방식으로 자산을 표시하도록 하고 있다.

투자자의 관심	회계처리 방식
자산이 언제 소멸하거나 현금화될지 예상하고 싶다.	유동과 비유동 구분
채권의 회수가능금액을 알고 싶다.	대손충당금, 장부금액
현재 자산의 가치를 알고 싶다.	자산의 평가, 손상, 재평가
사업용자산의 재투자 시점을 알고 싶다.	감가상각비, 장부금액

자산은 그 자산의 수명에 걸쳐 사업에 사용되어 돈을 벌어들이며 사라지거나 일정 시간이 지나면 판매하여 현금화 되는 등 향후 회사에 현금을 유입시키는 역할을 한다. 이때 회사가 보유한 자산이 현금으로 전환되거나 소멸될 때까지 걸리는 시간에 따라 채권자들은 채권의 회수가능 여부를 판단할 수도 있고 경영자는 중요한 사업용 자산의 재투자 시점을 가늠해볼 수도 있을 것이다. 따라서 회계에서는 이러한 자산의 수명 등을 고려하여 자산 중에 1년 혹은 정상적인 영업주기안에 현금으로 전환되거나 소멸할 것으로 예상되는 자산을 '유동자산'으로 분류하고 그렇지 않은 자산을 '비유동자산'으로 분류한다.

[판단하기 ① 정상적인 영업주기]

영업주기는 영업활동의 첫 번째 단계에서 마지막 단계까지 소요되는 평균적인 기간이라고 할 수 있다. 보통 제조업의 경우에 제조과정에 투입될 재화와 용역을 취득한 시점부터 제품의 판매로 인한 현금의 회수완료시점까지 소요되는 기간이 여기에 해당한다. 대부분의 업종은 영업주기가 1년 이내이다. 그리고 통상적인 영업주기가 명확하게 확인되지 않는 경우에는 1년으로 추정한다.

1) 현금 및 현금성자산

[계정과목의 정의] 현금 및 현금성자산

자산	부채
현금 및 현금성자산	
	자본

항 목	정 의
현금	통화 및 타인발행수표 등 통화대용증권과 당좌예금, 보통예금
현금성자산	큰 거래비용 없이 현금으로 전환이 용이하고 이자율 변동에 따른 가치변동의 위험이 경미한 금융상품으로서 취득 당시 만기일이 3개월 이내인 것
통화대용증권	타인발행의 당좌수표, 자기앞수표, 송금환, 우편환, 만기도래한 사채이자표, 만기도래한 어음, 일람출급어음, 기타 통화와 즉시 교환이 가능한 증서와 같이 언제라도 현금으로 전환 가능한 것

현금은 재무상태표에 기록되는 자산 중 가장 유동성이 높다. 유동성의 의미에 현금으로의 전환속도를 담고 있으니 현금이 가장 유동성이 높은 것은 당연하고 현금을 많이 보유한다면 회사는 부도와 같은 유동

성 위험을 겪지 않을 것이다. 그렇다면 보유한 현금이 많을수록 회사와 이해관계자들에게 좋은 것일까? 안정성이 높다고 볼 수는 있지만 회사의 궁극적인 목표인 이익의 극대화 측면에서는 높은 평가를 받기 어렵다. 회사에 남는 현금을 효율적으로 투자하여야 수익성이 높아지기 때문이다. 따라서 현금은 사업운영을 위해 필요한 정도로만 보유하고 나머지는 사업이나 투자자산에 투자를 하는 것이 보통이고 현금의 이러한 투자가능성에 의해 '현금성자산'이라는 계정과목이 생기게 되었다. 현금성자산은 현금은 아니지만 매우 단기간 투자하여 회수될 것으로 예상되는 자산으로 굳이 투자의 형태에 따라 금융상품이나 기타 투자자산으로 분류하기보다 현금성자산이라는 이름으로 현금과 같이 분류하는 것이 더 유용한 회계처리라고 생각했기 때문에 생겨났다. 앞에서 제시한 현금성자산의 정의를 생각하면서 아래의 상황을 살펴보자.

[현금 및 현금성자산의 특징 ①] 사례별 계정과목 분류

(문제) 아래 상황에 따라 2021년 12월에 채권의 계정과목을 결정하여 보자.

(1) 2022년 1월 15일이 만기인 회사채를 2021년 11월 30일에 취득

: 취득일로부터 만기까지가 3개월 이내이기 때문에 현금성자산에 해당

2021년 11월 30일 — ① 채권 취득
2021년 12월 31일 — ② 재무제표 공시
2022년 1월 15일 — ③ 만기 회수

⇒ 현금 및 현금성자산 분류

(2) 2022년 1월 15일이 만기인 회사채를 2021년 9월 1일에 취득

: 결산일로부터 만기가 3개월 이내이지만 현금성자산으로 보지 않는다.

2021년 9월 1일 — ① 채권 취득
2021년 12월 31일 — ② 재무제표 공시
2022년 1월 15일 — ③ 만기 회수

⇒ 단기투자자산 분류

회사마다 필요현금의 수준을 파악할 수 있다면 보유현금과 비교하여 여유현금을 계산하고 단기에 투자계획을 세울 수 있을 것이다. 그렇다면 필요현금의 수준은 어떻게 파악할까? 먼저 회사의 사업구조와 지출비용의 형태나 종류를 고려하여 향후 3개월 간의 자금수지표를 작성해 보자. 3개월간의 유입될 것으로 예상되는 현금과 지출이 예상되는 금액을 기록하여 현재의 현금수준에서 얼마만큼의 변동이 있을지 예측해보는 것이다. 자금수지표를 작성하는 기간은 회사의 매출 여신기간(대금이 회수되는 기간)과 중요한 비용의 지출기간 등을 고려하여 설정하고 판단하기 어려운 경우 합리적으로 예상 가능한 기간을 설정하는 것이 좋다. 아래의 예시를 참고하여 보자.

항 목	내 용	금 액
기초현금	현재 현금 잔액	2,000,000,000
현금유입예상	매출채권 회수	12,800,000,000
	이자, 부동산 임대료 등 기타수입	30,000,000
	자산매각, 투자자산회수	5,000,000
	추가차입, 유상증자	400,000,000
	유입합계	13,235,000,000
현금유출예상	매입채무 지급	6,000,000,000
	인건비, 경비 지급	2,000,000,000
	이자, 세금과공과금, 기타경비 지급	700,000,000
	투자자산 투자, 차입금 상환	5,000,000,000
	유출합계	13,700,000,000
예상잔액	예상현금잔액	1,535,000,000

① 주요 회계처리

[매출채권, 투자자산 회수]

차 변		대 변	
현금	1,000,000원	매출채권(매출액)	1,000,000원
현금	1,000,000원	투자자산	1,000,000원

[투자자산 투자]

차 변		대 변	
단기투자자산	1,000,000원	현금	1,000,000원

[재무제표 공시사례] 현금 및 현금성자산 공시사례

[분석 포인트]

무연탄의 채굴 및 판매를 목적으로 설립된 회사는 현재 유연탄 유통을 통해 수익을 얻고 있다. 회사는 사업에서 벌어들인 대규모 이익을 막대한 현금과 단기금융상품의 형태로 보유 중인데, 주석에서 확인한 단기금융상품의 대부분이 정기예금인 점을 감안하면 자산의 절반 이상이 현금 등인 유동성이 매우 풍부한 회사에 해당한다. 이러한 유동성을 회사는 어떻게 운영하고 있을까? 재무상태표에 표시된 금융상품과 장단기 대여금, 주식과 같은 다양한 증권의 내역에서 투자의 대상이 대부분 관련 사업을 수행하는 회사에 투자된 것을 확인할 수 있다.

(단위 : 백만원)

과 목	2020	
자 산		
Ⅰ. 유동자산		1,139,799
(1) 당좌자산		1,139,799
현금및현금성자산	63,190	
단기금융상품	974,770	
매출채권	22,396	
대손충당금	−224	
기타	14,627	
II. 비유동자산		1,050,058
투자자산		952,425
유형자산		93,894
무형자산		163
기타비유동자산		3,576
자 산 총 계		2,189,856
부 채		
I. 유동부채		59,591
II. 비유동부채		21,360
부 채 총 계		80,951
자 본		
I. 자본금		9,741
II. 자본잉여금		218,410
III. 기타포괄손익누계액		−50,291
IV. 이익잉여금		1,931,046
자 본 총 계		2,108,906
부 채 및 자 본 총 계		2,189,856

2) 매출채권

[계정과목의 정의] 매출채권과 대손충당금

자산	부채
현금 및 현금성자산	
매출채권	
	자본

항 목	정 의
매출채권	일반적 상거래에서 발생한 외상매출금과 받을어음
대손충당금	회수가 불확실한 금융자산에 대해 합리적이고 객관적인 기준에 따라 산출하여 못받을 것으로 예상한 대손추산액

일반적으로 기업 간의 거래에서는 재화나 용역을 제공하고 그 대가를 일정시간이 지난 이후에 받는다. 이를 여신거래(신용을 부여한 거래)라고 한다. 이렇게 여신거래로 매출자가 매입자에게 수개월의 신용을 부여하여 대금의 지급을 미룬 형태에서는 먼저 재화를 제공하거나 용역을 완료하지만 대금은 나중에 수수하게 된다. 이러한 거래에서 판매한 기업은 매출의 인식시기를 물건을 인도한(보낸) 시점으로 할지, 대금의 회수시기로 할지 판단해야 한다. 이에 대해 회계기준에서는 아래와 같이 매출액의 인식시기를 정하고 있다.

항 목	내 용
재화여신판매	• 여신판매 : 재화를 먼저 인도하고 동시에 약정한 기간의 신용을 부여하여 대가의 지급을 미룬 형태의 거래 • 인식시기 : 법적 소유권의 이전 또는 재화의 물리적 이전시기 • 특징 : 거래 이후에도 판매자가 관련 재화의 소유에 따른 유의적인 위험을 부담하는 경우에는 그 거래를 아직 판매로 보지 아니하며 따라서 매출을 인식하지 않음.
재화할부판매	• 할부판매 : 상품이나 제품을 판매함에 있어서 판매대금을 분할하여 회수하는 조건으로 이루어지는 판매 • 인식시기 : 인도기준 • 특징 : 판매대가가 재화의 판매 이후 장기간에 걸쳐 유입되는 경우에는 판매대가의 공정가치가 명목금액보다 작을 수 있으므로 할부금액의 현재가치와 명목금액과의 차액은 현금회수기간에 걸쳐 유효이자율법을 적용하여 이자수익으로 인식
용역제공	• 인식시기 : 용역제공거래의 성과를 신뢰성 있게 추정할 수 있을 때 용역제공기간의 장 · 단기 구분 없이 진행기준 적용 • 특징 : 진행기준을 적용하기 위해서는 진행률을 추정해야 하므로 상당한 불확실성이 따르게 되고, 주관적인 요소가 개입되어 신뢰성 있는 회계정보를 제공하기가 어려움

일반적인 재고의 판매는 인도일을 기준으로 매출액을 인식한다. 이때 판매자는 재고를 인도하는 대가로 여신기간 안에 대금 회수를 요구할 수 있는 권리를 가지게 되고 이를 '매출채권'이라는 자산 계정과목으로 표시한다. 따라서 매출채권은 매출의 결과로 발생한 채권을 말하며 거래약정에 따라 만기와 할인조건을 갖게 된다. 그밖에 매출채권이 가지는 특성은 아래와 같다.

주요항목	내 용
충당금	채권의 회수불확실이 예상될 때 비용을 인식하고 채권을 평가
매각거래	매권을 금융기관에 매각

① 대손충당금

여신(신용)거래는 거래의 발생과 대금의 수수에 시차가 발생하므로 이 과정에서 채권과 채무가 발생한다. 하지만 대부분의 채권은 채무자의 재무상황에 따라 돈을 못 받을(부실화될) 가능성이 있다. 따라서 채무자가 약정된 시기에 채무를 갚지 못하는 경우 채권자는 이러한 사실을 확인하여 재무상태표에 기록하고 정보이용자에게 알려야 한다. 채권을 회수하지 못하는 대손의 사건에 대해 회계기준에서는 대손이 예상되는 시점과 대손이 확정된 시점으로 나누어 회계처리를 하도록 한다.

시 점	회계처리
기말에 대손이 예상되는 경우	대손충당금 설정
대손이 확정되는 경우	채권 제각(제거) 및 대손충당금 상계

회사는 매 기말 현재 보유하고 있는 채권에 대해 회수가능성을 조사하고 예상되는 대손 금액에 해당하는 대손충당금을 인식하여야 한다. 대손충당금을 설정할 때의 회계처리와 의미를 아래 사례로 간략하게 배워보도록 하자.

[재무제표 공시사례] 현금 및 현금성자산 공시사례

㈜에스에이치랩의 당기말 현재 채권의 종류와 잔액이 아래와 같다. 대손충당금을 설정하고 그 의미를 이해하여보자.

(1) 채권의 잔액

분 류	금 액	비 고
정진유통(주)	50,000,000원	개별분석 결과 대손가능성 없음.
한마음여행사	30,000,000원	회수기일 이후 연체 3개월 중
마포트립(주)	20,000,000원	개별분석 결과 대손가능성 없음.
삼일유통	10,000,000원	회수기일 이후 연체 6개월 중
서진유통	7,000,000원	회수기일 이후 연체 1개월 중
공덕여행사	5,000,000원	회수기일 이후 연체 12개월 중
합계	122,000,000원	

(2) 예상 대손율

회사의 과거 연체이후 채권 미회수 경험률은 아래와 같다.

분 류	대손경험률
연체 후 1개월 이내	10%
연체 1개월 ~ 연체 3개월	30%
연체 3개월 ~ 연체 6개월	40%
연체 6개월 ~ 연체 9개월	50%
연체 9개월 ~ 연체 12개월	60%
연체 12개월 초과	100%

(3) 대손충당금 계산

분 류	금 액	비 고	대손율 적용	충당금설정
한마음여행사	30,000,000원	연체 3개월	30%	9,000,000원
삼일유통	10,000,000원	연체 6개월	40%	4,000,000원
서진유통	7,000,000원	연체 1개월	10%	700,000원
공덕여행사	5,000,000원	연체 12개월	60%	3,000,000원
합계	52,000,000원			16,700,000원

(4) 대손충당금 회계처리

차 변		대 변	
대손상각비	16,700,000원	대손충당금	16,700,000원

자산		부채
매출채권	122,000,000원	
대손충당금	(16,700,000원)	자본
잔액	105,300,000원	
		이익잉여금 (16,700,000원)

회사는 보유중인 채권의 잔액 중에 회수하지 못할 것으로 예상되는 금액만큼 '대손충당금'을 설정한다. 그리고 대손충당금을 설정할 때 상대계정은 비용항목 중 '대손상각비'를 이용한다. 즉, 대손이 예상되는 시점에 확정되지 않아도 미리 비용을 인식하고 채권의 금액을 줄인다. 이는 비용의 인식시기를 결정하는 수익·비용대응원칙에 따른 것인데 매출이 발생하여 채권이 기록되는 시점에 해당 채권에서 발생한 예상되는 대손금액을 같이 비용처리 하여 결국 매출액이 인식되는 때에 관련한 비용을 인식하도록 하는 것이다. 수익·비용대응원칙의 자세한 내용

은 뒤에서 살펴보도록 하자. 참고로 회계의 수익・비용대응원칙을 법인세법에서는 원칙적으로 인정하지 않고 권리・의무확정주의에 따라 의무가 확정되었을 때에 비용처리를 인정하여준다. 하지만 회계의 추정치 중에 대손충당금, 퇴직급여충당금을 예외적으로 한도 내 인정하여 주는데 이는 법인세의 내용에서 자세히 배우도록 하자.

② 채권 매각거래

매출채권은 채권의 형태인 자산이기 때문에 직접 현금이 필요한 경우 매출채권을 금융기관에 매각하여 현금을 조달하기도 한다. 회계기준에서는 이러한 채권의 매각거래가 아래의 요건을 충족한 경우에만 채권의 매각거래로 보고, 요건을 충족하지 못한 경우 채권은 그대로 회사에 남고 금융기관으로부터 채권의 금액만큼 차입한 거래로 본다.

보론 : 채권의 매각거래 요건과 사례

금융자산의 양도의 경우에, 다음 요건을 모두 충족하는 경우에는 양도자가 금융자산에 대한 통제권을 이전한 것으로 보아 매각거래로, 이외의 경우에는 금융자산을 담보로 한 차입거래로 본다.

(요건1) 양도인은 금융자산 양도 후 당해 양도자산에 대한 권리를 행사할 수 없어야 한다. 즉, 양도인이 파산 또는 법정관리 등에 들어갈 지라도 양도인 및 양도인의 채권자는 양도한 금융자산에 대한 권리를 행사할 수 없어야 한다.

(요건2) 양수인은 양수한 금융자산을 처분(양도 및 담보제공 등)할 자유로운 권리를 갖고 있어야 한다.

(요건3) 양도인은 금융자산 양도 후에 효율적인 통제권을 행사할 수 없어야 한다.

[참고] '효율적인 통제권을 행사한다'의 의미

: 자산 양도 후 양도인이 계속하여 자산에서 발생하는 경제적 효익을 보유

(1) 확정가격으로 양도한 금융자산을 만기전에 재매입하는 약정을 체결한 경우

(2) 유통시장이 없어 동일한 금융자산을 시장에서 매입하기 어려운 경우에 양도한 금융자산에 대해 재매입하는 약정을 체결한 경우

(3) 양도한 금융자산에 대한 유통시장이 있음에도 불구하고 공정가치가 아닌 확정가격으로 재매입하는 약정을 체결한 경우

채권의 매각거래는 요건의 충족 여부에 따라 회사의 부채비율과 같은 재무지표가 달라지므로 충분한 고려를 하여야 한다.

③ 주요 회계처리

[매출과 매출채권의 발생]

차 변		대 변	
매출채권	1,000,000원	매출액	1,000,000원
매출원가	800,000원	재고자산	800,000원

[대손충당금의 발생]

차 변		대 변	
대손상각비	16,700,000원	대손충당금	16,700,000원

[채권의 제각]

차 변		대 변	
대손충당금	100,000원	매출채권	100,000원

[매출할인의 발생]

차 변		대 변	
현금	980,000원	매출채권	1,000,000원
매출액	20,000원		

[채권의 매각거래]

차 변		대 변	
현금	950,000원	매출채권	1,000,000원
매출채권처분손실	50,000원		

[매각거래로 인정되지 않는 경우]

차 변		대 변	
현금	1,000,000원	단기차입금	1,000,000원

[재무제표 공시사례] 매출채권 공시사례

[분석 포인트]

아래 회사는 신용도가 높지 않은 개인이나 법인에게 신용대출을 제공하는 대부업을 영위하는 회사이다. 차입자에 대한 대출채권은 회사의 중요한 자산이며, 회수가 불확실한 경우 예상되는 대손금액을 대손충당금으로 인식한다. 회사의 대출채권에 대한 대손충당금의 비율을 살펴보면 대출채권은 44%, 기업대출채권의 경우 2%로 일반 대출채권의 대손충당금 설정비율이 더 높은 것을 확인할 수 있다. 실제 대손으로 확정되는 비율이 그 정도로 높지는 않겠지만 회사는 대손위험을 고려하여 높은 이자율을 부과해야 할 것으로 예상할 수 있다.

(단위 : 백만원)

과 목	2020	
자 산		
현금및예치금	532,132	
유가증권	899,405	
대출채권	1,608,592	
1. 대출채권	1,502,645	
신용손실충당금	-227,965	
2. 기업대출채권	344,384	
신용손실충당금	-10,472	
유형자산	5,367	
기타자산	97,134	
자 산 총 계		3,142,630
부 채		
차입부채	950,922	
순확정급여부채	4,271	
충당부채	25,453	
기타부채	36,107	
부 채 총 계		1,016,753
자 본		
자본금	30,353	
자본잉여금	177,673	
자본조정	-11,815	
기타포괄손익누계액	-32,361	
이익잉여금	1,962,028	
자 본 총 계		2,125,878
부채및자본총계		3,142,630

보론 ∷ 당좌자산의 분류

자산은 1년 혹은 정상적인 영업주기의 기준에 따라 유동자산과 비유동자산으로 분류하는 것을 앞서 보았다. 유동자산에는 현금 및 현금성자산, 매출채권, 재고자산이 주로 포함되며 그 외에 기타유동자산으로 단기대여금, 미수금, 미수수익, 선급금, 선급비용이 포함될 수 있다. 이러한 유동자산은 1년 이내에 현금으로 회수되거나 소멸할 것으로 예상되는 자산으로 채권자에게는 채권의 회수가능성을 가늠해볼 수 있는 단서를 제공한다. 그런데 유동자산 중에는 성격이 크게 다른 자산이 하나 포함되어 있는데 바로 '재고자산'이다. 재고자산은 단기간에 판매하여 매출을 발생시키고자 보유하지만 회사의 영업이 원활하지 않은 경우 장기간 현금을 창출하지 못할 수도 있다. 또한 재고자산은 판매된다면 당초 재무상태표에 기록된 재고자산의 장부금액보다 많은 현금이 유입될 것을 예상하게 하므로 다른 유동자산이 장부금액 만큼의 현금유입을 기대하는 것과 차이가 있다. 이렇게 재고자산은 다른 유동자산과 성격이 달라 유동자산을 재고자산과 재고자산을 제외한 나머지 유동자산인 '당좌자산'으로 분류하고 있다.

3) 재고자산

[계정과목의 정의] 재고자산

자산	부채
현금 및 현금성자산	
매출채권	
재고자산	자본

항 목	정 의
재고자산	정상적인 영업과정에서 판매를 위하여 보유하거나 생산과정에 있는 자산 및 생산 또는 서비스 제공과정에 투입될 원재료나 소모품의 형태로 존재하는 자산

재고자산은 업종에 따라 영업활동의 중심이 되는 자산이다. 재고자산의 정의와 같이 판매를 위해 보유하거나 생산과정 전반에 투입되는 자산이기 때문이다. 따라서 재고자산은 활발히 투입되거나 판매되어 높은 회전율을 보일수록(즉, 빨리 판매될수록) 회사가 원활한 영업활동을 수행한다고 할 수 있는 반면, 영업상황에 비해 재고자산의 비중이 높아질수록 회사의 영업활동이 부진하다는 부정적인 인식을 줄 수도 있다. 이렇게 재고자산은 회사에게 중요한 관리대상이 된다. 회계기준에서는 재무상태표에 기록하는 재고자산의 평가와 재고자산의 생산 과정에서 등장하는 반제품과 재공품과 같은 중간단계의 재고 원가의 회계처리를 중요하게 기술하고 있다. 이는 "원가회계"의 과목에서 더 자세히 배워볼 수도 있다.

주요항목	내 용
종류	원재료, 재공품, 반제품, 제품, 상품, 저장품 등
취득원가	외부로부터 매입한 재고자산의 취득원가는 매입원가를 말하며, 직접 제조한 재고자산은 제조 또는 생산하기 위하여 지출된 재료비, 노무비 및 경비 등의 합계액을 말한다.
물량흐름과 감모	소품종 다량의 재고를 보유하는 경우 생산, 보유, 판매의 순환과정에서 이용하는 원가의 흐름 가정과 수량의 감소에 대한 회계처리
평가	재고자산의 기말 현재 회수가능가액이 장부금액보다 낮아진 경우

① 재고자산의 종류

재고자산은 정의에서 보듯 생산과정에 투입되는 것과 판매활동에 제공되는 것으로 나눌 수 있다. 생산과정은 여러 단계를 거치기 때문에 다단계의 생산활동에 투입되고 산출되는 자산은 그 종류별로 구분하고 특성에 맞게 계정과목을 나누어 분류한다. 그리고 판매를 위한 재고자산에는 생산활동을 거쳐 완성된 제품과 판매를 위해 외부에서 구입한 상품이 있다. 이처럼 재고자산의 종류를 나누어 보면 아래와 같다.

분 류	내 용
원재료	제품생산에 소비할 목적으로 구입한 모든 재화
재공품	제품 또는 반제품의 제조를 위하여 재공과정에 있는 것
반제품	현재 상태로 판매 가능한 재공품
제품	기업이 정상적인 영업순환과정에서 판매를 목적으로 제조 · 생산하여 보유 중인 완성품
상품	판매 목적으로 구입한 일체의 매입물품

② 재고자산의 취득원가

재고자산은 생산의 단계를 거칠 때마다 원재료와 인건비, 감가상각비와 같은 제조경비가 계속적으로 투입된다. 이렇게 투입되는 원가는 해당 재고자산만을 위하여 투입되었는지 여부에 따라 직접원가나 간접원가로 나누며 투입되는 원가의 종류에 따라 재료원가(원재료), 노무원가(급여), 제조경비(기타비용)로 분류한다. 따라서 원가를 이러한 분류에 따라 조합해보면 직접재료원가, 직접노무원가, 제조와 관련된 변동 및 고정 제조간접원가 등으로 분류할 수 있다.

분 류	내 용	
특성	직접 투입여부	직접 / 간접
	생산량에 비례하여 증가 여부	고정 / 변동
투입자원의 종류	재료원가, 노무원가, 제조경비	

이렇게 원가가 집계되고 제품이 완성되면 생산된 제품의 생산원가를 구할 수 있다. 생산원가는 재고자산 금액으로 재무상태표에 표시되고, 제품이 판매될 때 실현되어 손익계산서의 매출원가로 대체된다. 결국 제품의 생산에 투입되었던 원가들은 실제 현금이 지출되는 때에 재무상

태표의 재고자산으로 기록되며 제품이 완성되고 판매되는 때에 비로소 손익계산서의 매출원가로 기록된다. 결국 제품을 만드는 과정에서 소요된 원재료비나 노무비는 구매할 때 먼저 현금으로 지출되지만 회계상 비용처리는 재고가 판매되어 매출액이 기록되는 때에 수행한다. 원가는 비용에 해당하므로 관련된 수익이 기록되는 때에 함께 기록하는 것이 중요한 정보가 되기 때문이다. 이에 대한 자세한 내용은 이론 단원의 '수익·비용대응원칙'을 참고하여 학습하도록 하자.

한편 외부에서 구입한 재고의 취득원가는 재고자산을 취득하기 위해 지출하는 부대비용을 포함한다. 또한 구입시에 매입채무를 조기상환하는 경우 할인하여 주는 조건이 있고, 이를 이용하여 할인받는 경우 할인액은 재고자산의 취득원가에서 차감한다.

> 재고자산 취득원가 = 취득액 + 매입부대비용 − 매입할인, 에누리

③ 재고재산의 물량흐름과 감모

회사가 같은 종류의 재고자산을 대량으로 보유하고 연중 계속적으로 취득단가가 변동하는 경우 기중에 판매한 재고자산과 기말 현재 남아있는 재고자산에 얼마의 취득원가를 대응할지 결정해야 한다. 만약에 재고자산의 원가가 계속적으로 상승하는 경우 먼저 취득한 재고가 먼저 팔린다는 가정 하에서는 매출원가가 낮고 기말재고가 높게 인식되겠지만 반대의 경우에는 매출원가가 높고 기말재고가 낮게 인식될 것이다. 즉, 재고자산이 개별적으로 취득원가가 구별되는 상황이 아니라면 재고자산의 판매 수량과 보유 물량에 취득단가를 어떻게 적용하는지에 따라 회사의 재무에 영향을 미치게 된다. 이렇게 재고자산의 물량흐름에 적용하는 가정에는 아래와 같은 종류가 있다.

분 류	내 용
선입선출법	먼저 입고된 재고가 먼저 팔린다는 가정
후입선출법	나중에 입고된 재고가 먼저 팔린다는 가정
총평균법	결산시점에 해당 대상기간의 판매가능재고의 평균 단가를 판매된 재고와 기말재고 모두에 적용하는 방법
이동평균법	재고자산의 수량 변동시점마다 판매가능재고의 평균 단가를 계산하여 적용하는 방식

위 외에도 대형 유통사에서 이용하는 소매재고법이나 광업에서 이용하는 생산량비례법이 있다. 위의 평가방법을 이용하여 아래의 계산을 수행하여 보자.

[재고자산의 물량흐름 가정] 매출원가와 기말재고자산의 결정

(사례) 재고자산의 물량의 흐름이 아래와 같을 경우 물량흐름가정에 따른 매출원가와 재고자산의 장부금액을 계산하시오.

[재고자산의 흐름]

구 분	수 량	매입단가	금 액
기초재고 (1.1.)	100	100	10,000
당기매입 (4.1.)	100	120	12,000
당기매입 (8.1.)	100	140	14,000
합 계	300		36,000

재고자산은 기중에 200개가 판매되었고 기말현재 100개의 재고자산이 남아있는 것으로 확인된다.

[재고자산의 물량흐름가정에 따른 매출원가와 재고자산 장부금액]

구 분	매출원가	기말 재고자산
선입선출법	22,000원	14,000원
후입선출법	26,000원	10,000원
총평균법	24,000원	12,000원

한편 기말현재 재고자산의 수량이 예상보다 더 많이 감소한 경우 재고자산의 줄어든 수량만큼은 재고자산의 장부금액에서 감액시키고 같은 금액의 비용을 인식하여야 한다. 만약에 재고자산의 수량이 100개가 사라졌는데 하나의 단가가 10,000원이라고 하자. 그렇다면 감소된 수량에 해당하는 재고자산 1백만원을 감소시키고, 같은 금액의 비용을 인식한다. 이때 재고자산의 수량이 감소된 사유를 재무제표에 표시한다면 정보이용자들에게 유용한 정보를 줄 수 있을 것이다. 그래서 회계기준에서는 생산과정에서 어쩔 수 없이 감소한 수량에 대해서는 해당 비용은 손익계산서에 매출원가로 표시하며, 그렇지 않은 비용은 영업외비용에 재고자산감모손실로 표시하고 있다. 따라서 정보이용자는 회사의 재고가 비정상적으로 감소된 경우 그 금액을 손익계산서에서 확인할 수 있게 되는 것이다.

[재고자산평가방법] 재고자산의 수량가정의 선택 주석 사례

2-6. 재고자산

재고자산의 수량은 계속기록법에 따라 파악되고 완성주택과 용지는 개별법, 원자재는 선입선출법에 따라 산정된 취득원가로 평가하고 있습니다. 다만, 원자재에 포함된 가설재는 취득원가에서 사용정도에 따라 계산된 손료를 차감한 금액으로 평가하고 있습니다. 그리고 재고자산의 장부상 수량과 실제 수량과의 차이에서 발생하는 감모손실의 경우 정상적으로 발생한 감모손실은 매출원가에 가산하고 비정상적으로 발생한 감모손실은 영업외비용으로 처리하고 있습니다.

한편, 재고자산의 시가가 취득원가보다 하락하여 발생한 평가손실은 재고자산의 차감계정으로 표시하고 매출원가에 가산하며, 새로운 시가가 장부가액보다 상승한 경우에는 최초의 장부가액을 초과하지 않는 범위 내에서 평가손실을 환입하고 동 평가손실의 환입은 매출원가에서 차감하고 있습니다.

④ 재고자산의 평가

재고자산은 생산활동에 투입되거나 판매하여 수익을 얻기 위해 보유하지만 보유하는 동안 시가가 크게 변동될 수 있다. 만약에 판매할 수 있는 시가가 과거 회사가 매입한 금액 이하로 하락하는 경우 회사는 재고의 판매로 손실이 발생할 수 있는데 회계기준에서는 이러한 손실을 재고의 보유목적에 따라 다르게 계산하도록 한다.

보유목적	손실발생 사건
생산목적 보유	① 원재료 등의 매입재생산시 원가 〈 취득원가 and ② 최종 제품의 순실현가능가치 〈 취득원가
판매목적 보유	제품의 순실현가능가치 〈 제품의 생산원가나 취득원가

생산을 목적으로 보유하는 원재료나 재공품과 같은 재고자산은 당장 해당 원재료 등의 시가가 떨어져도 생산과정에 투입되어 산출된 최종 제품의 판매를 통해 실현될 수 있다. 따라서 최종단계의 제품이나 그 이전 단계의 반제품의 판매를 통한 실현가능한 금액에서 제품의 완성을 위해 추가로 투입될 원가를 차감한 금액이 원재료 등의 취득원가보다 작은 경우 손실이 발생했다고 할 수 있다. 한편 판매를 목적으로 보유하는 재고자산은 판매를 통한 순실현가능가치와 제품의 취득원가 혹은 생산원가를 비교하여 손실발생의 사건을 판단한다. 이때 순실현가능가치는 제품이나 상품의 정상적인 영업과정에서의 추정 판매가격에서 제품을 완성하는 데 소요되는 추가적인 원가와 판매비용의 추정액을 차감한 금액을 말한다.

순실현가능가치 = 추정 판매가격 − 완성을 위한 추가적인 원가 − 추정 판매비용

이렇게 손실발생의 사건을 판단하고 나면 회계기준에서는 발생한 손실을 인식하고 재고자산의 장부금액을 감액하도록 하고 있다. 이렇게 재고자산을 평가하는 회계처리를 저가법이라고 한다. 저가법의 회계처리를 통해 재고자산의 관리에서 발생하는 사업위험을 비용처리를 통해 주주에게 전가시키고 재무상태표의 자산의 금액을 보수적으로 평가하는 효과를 거둘 수 있다.

⑤ 주요 회계처리

[재고자산의 취득]

차 변		대 변	
원재료	1,000,000원	매입채무	1,000,000원
상품	1,000,000원	매입채무	1,000,000원

[재고자산의 생산]

차 변		대 변	
재공품	300,000원	원재료	100,000원
반제품	300,000원	인건비	200,000원
		감가상각비	300,000원
제품	600,000원	재공품	300,000원
		원재료	100,000원
		인건비	100,000원
		감가상각비	100,000원

[재고자산의 판매]

차 변		대 변	
매출원가	800,000원	재고자산	800,000원
매출채권	1,000,000원	매출액	1,000,000원

[재고자산의 감모]

차 변		대 변	
매출원가(정상)	800,000원	재고자산	1,000,000원
영업외비용(비정상)	200,000원		

[재고자산의 평가]

차 변		대 변	
재고평가손실	100,000원	재고평가충당금	100,000원

[재무제표 공시사례] 재고자산 공시사례

[분석 포인트]

회사는 수입상품 면세판매업 및 관광기념품판매업을 영위하는 회사로서 시내에 외국인 관광객을 대상으로 면세점 사업장을 운영하고 있다. 회사가 보유한 재고는 내외국에서 매입한 상품과 미착상품 일부로 구성되어 있으며, 전체 재고의 절반 이상이 수입상품이다. 상품의 종류는 다양하겠지만 이 중에는 유통기한이 짧거나 제조일자에 민감한 식품과 화장품류가 상당수 포함되어 있어 일정기간 판매하지 못한 재고는 순실현가능가치가 점차 감소하게 된다.
재고자산의 평가충당금의 규모는 전기 대비 당기에 크게 증가하였는데 사업의 내외에서 발생하는 변수에 따라 재고의 평가는 이렇게 재무상태표와 같은 금액의 손익계산서에 영향을 미치게 된다.

(단위 : 백만원)

자 산		
Ⅰ. 유 동 자 산		190,828
현금및현금성자산	62,148	
매출채권	143	
기타유동금융자산	45,100	
재고자산	83,259	
상품	86,078	
평가충당금	−3,220	

미착품	401	
기타유동자산	178	
Ⅱ. 비 유 동 자 산		115,333
자 산 총 계		306,162
부 채		
Ⅰ. 유 동 부 채		112,242
Ⅱ. 비 유 동 부 채		15,597
부 채 총 계		127,838
자 본		
Ⅰ. 자 본 금	1,000	
Ⅱ. 자본잉여금	114,662	
Ⅲ. 이익잉여금	62,661	
자 본 총 계		178,323

4) 유형자산

[계정과목의 정의] 유형자산

자산	부채
현금 및 현금성자산	
매출채권	
재고자산	자본
유형자산	

항 목	정 의
유형자산	재화의 생산, 용역의 제공, 타인에 대한 임대 또는 자체적으로 사용할 목적으로 보유하는 물리적 형체가 있는 자산으로서, 1년을 초과하여 사용할 것이 예상되는 자산
감가상각비	유형자산의 감가상각대상금액을 그 자산의 내용연수 동안 체계적인 방법에 의하여 각 회계기간에 배분하는 것

유형자산은 사업에 직접 사용할 목적으로 1년 이상 보유하며 형체가 있는 자산을 말한다. 유형자산은 대부분의 회사에서 다양하게 보유하는데, 업종에 따라 그 종류와 금액이 달라지지만 사업을 수행하기 위해 꼭 필요한 자산이라는 점은 변함이 없다. 유형자산은 전체 자산에서 차지하는 비중과 재무상태표에 미치는 영향이 크므로 회계처리에서 고려해야할 사항이 많다.

주요항목	내 용
종류	사업을 위해 보유하는 자산의 종류와 재무상태표의 분류 방법
취득원가	유형자산을 사용할 수 있을 때까지 소요되는 원가
감가상각비	유형자산의 취득원가를 사용할 수 있는 기간에 나누어 비용처리
평가	유형자산의 재평가 회계처리의 선택
손상차손	유형자산의 사용가치와 매각가치를 이용한 시가 평가 방법

① 유형자산의 종류

회사가 이용할 수 있는 유형자산의 종류는 다양하지만 이를 재무상태표에 표시할 때에는 회계기준에서 정하는 분류로 나누어 표시한다. 유형자산의 분류는 아래와 같이 재무상태표에 표시된다.

주요항목	
토지	건설 중인 자산
건물	차량운반구
구축물	비품
기계장치	기타유형자산

이 중에서 다소 생소한 항목인 구축물은 토지 위에 정착·건설한 건물 이외의 토목설비, 공작물 및 이들의 부속설비 등을 의미하는데 직접

사업에 사용되기 보다는 주로 보조적 작용을 한다. 교량, 저수지, 상하수도, 용수설비, 도로, 터널, 신호장치 정도를 예로 들 수 있다. 다음으로 건설 중인 자산은 사업용 유형자산을 직접 건설하는 경우에 이를 위하여 지급한 재료비, 노무비, 경비뿐만 아니라 건설을 위하여 지출한 도급금액 등 및 유형자산을 취득하기 위하여 지출한 계약금이나 중도금을 모아두는 계정과목이다. 따라서 건설 중인 자산은 사업에 사용할 수 없고 건설이 완료되면 해당하는 다른 자산의 분류로 대체하여 사용하게 된다. 그리고 제시된 유형자산의 종류 외에 회사 업종의 특성에 맞게 계정과목을 신설하여 표시할 수도 있도록 허용하고 있다.

② 취득원가

유형자산은 해당 자산을 취득하기 위해 소요되는 원가인 취득원가로 재무상태표에 표시한다. 예를 들어 마스크팩을 제조하여 판매하는 사업자가 기계장치를 외부에서 2천만원에 매입하기로 하고 기계장치와 설치비, 시운전까지의 용역비 5백만원을 별도로 지급하기로 하였다고 하자. 매입하는 기계장치의 취득원가는 2천만원일까 2천5백만원일까? 취득원가에 대해 회계기준에서는 자산을 취득하기 위하여 자산의 취득시점이나 건설시점에서 지급한 현금 및 현금성자산 또는 제공하거나 부담할 기타 대가의 공정가치를 모두 포함하도록 정하고 있다. 이때 설치와 시운전을 위해 지출한 비용은 기계장치의 취득이 없었더라면 지출하지 않았을 것이고 기계장치를 취득하고 사용하기 위해서는 필수적으로 지출해야 하는 비용에 해당한다. 따라서 이러한 비용은 기계장치의 취득원가로 자산으로 표시하고 현금을 지출하는 해의 비용으로 보지 않는다. 그밖에 유형자산의 취득원가에 포함되는 항목들은 아래와 같다.

[유형자산의 취득원가에 포함되는 항목 예시]

- 설치장소 준비를 위한 지출
- 외부 운송 및 취급비
- 설치비
- 설계와 관련하여 전문가에게 지급하는 수수료
- 유형자산의 취득과 관련하여 국 · 공채 등을 불가피하게 매입하는 경우 당해 채권의 매입금액과 일반기업회계기준에 따라 평가한 현재가치와의 차액
- 자본화대상인 차입원가
- 취득세, 등록세 등 유형자산의 취득과 직접 관련된 제세공과금
- 해당 유형자산의 경제적 사용이 종료된 후에 원상회복을 위하여 그 자산을 제거, 해체하거나 또는 부지를 복원하는 데 소요될 것으로 추정되는 원가가 충당부채의 인식요건을 충족하는 경우 그 지출의 현재가치
- 유형자산이 정상적으로 작동되는지 여부를 시험하는 과정에서 발생하는 원가. 단, 시험과정에서 생산된 재화의 순매각금액은 당해 원가에서 차감한다.

③ 감가상각비

[감가상각비] 내용연수와 감가상각비

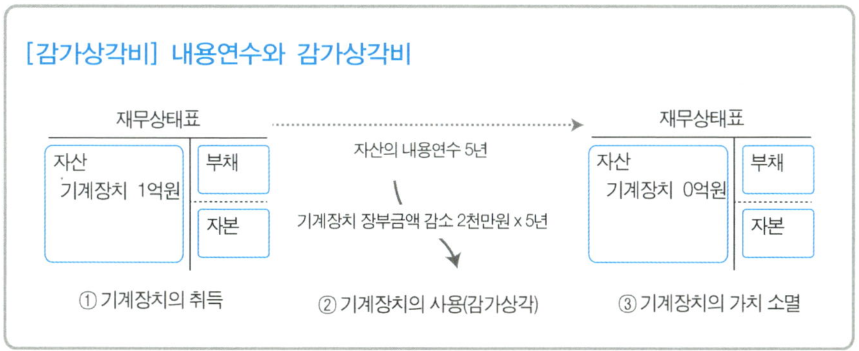

유형자산은 대부분 현금의 지출을 통해 취득한다. 그리고 토지를 제외한 대부분의 유형자산은 취득 이후 사용할 수 있는 기간이 유한하므로 사용할 수 있는 기간이 지난 유형자산은 폐기하거나 가치가 있다면 처분할 것이다. 이렇게 사용할 수도 없고 가치도 없는 자산은 더 이상

재무상태표에 표시할 수 없을 것이다. 따라서 유형자산의 취득원가는 언젠가 자산이 가치를 잃고 재무상태표에서 제거될 때 재산상의 손실로 비용을 인식하게 되는데 이 비용의 이름이 감가상각비이다. 이렇게 감가상각비는 자산을 사업에 사용할 수 있는 기간 동안 일정한 가정에 따라 인식하는 비용으로 해당 유형자산의 취득원가를 사용기간으로 나누어 인식하는 과정을 의미한다. 여기서 일정한 가정이란 자산을 사업에 사용할 수 있는 기간과 그 기간이 지났을 때 남아있는 가치, 자산의 가치가 감소하는 유형 등을 의미한다. 이렇게 감가상각비를 계산하기 위한 가정들을 감가상각의 요소라고 하며 정리하면 아래와 같다.

감가상각 요소	내 용
상각대상금액	취득원가 – 잔존가치
내용연수	자산의 예상사용기간 또는 자산으로부터 획득할 수 있는 생산량이나 이와 유사한 단위
상각방법	유형자산의 감가상각대상금액을 내용연수에 걸쳐 자산의 경제적 효익의 소멸되는 형태를 반영한 합리적이고 체계적으로 배분하는 방법
잔존가치	자산을 제거하기 전의 특정 시점에서 추정한 값

위의 감가상각요소는 대부분 추정에 의존하여 정할 수밖에 없지만 매 기간마다 인식할 감가상각비의 금액을 합리적으로 추정함으로써 기계장치를 이용하여 수익을 획득하는 때에 자산의 이용으로 인한 감가상각비를 인식하여 수익·비용대응원칙을 만족할 수 있게 된다. 이렇게 감가상각비는 정보이용자에게 유용한 정보를 제공하는 것이다.

④ 평가

회사가 보유한 유형자산 중에 시세에 변동이 큰 자산이 있다면 어떻게 표시해야 유용한 정보를 줄 수 있을까? 예를 들어 우리나라의 경우 기업이 보유한 건물이 주요 도시에 있다면 시간이 흘러감에 따라 자산의 가치가 높아지는 현상을 볼 수 있다. 이때 재무상태표에 자산의 취득금액에서 감가상각누계액을 차감한 금액으로 표시하는 방법을 원가모형이라고 하고 일정한 기간마다 유형자산의 시가를 평가하여 표시하는 방식을 재평가모형이라고 한다. 기업은 두 모형 중 하나를 선택하여 유형자산의 장부금액을 표시할 수 있지만 대부분의 회사가 원가모형을 이용하고 있다.

유형자산의 재평가 외에 '후속원가'가 발생하는 경우가 종종 있다. 후속원가란 기존에 자산을 보유하여 사용하는 가운데 발생하는 추가적인 지출로써 수선비나 자산의 가치를 높이는 업그레이드비용이 여기에 해당한다. 회계에서는 이렇게 후속적으로 발생하는 비용을 자본적 지출과 수익적 지출로 분류하여, 자본적 지출은 자산의 취득원가에 포함시켜 감가상각비로써 비용처리하도록 하고 수익적 지출은 현금이 지출되는 때에 비용처리하도록 하고 있다.

분 류	정 의	처 리
자본적 지출	내용연수를 증가시키거나 가치를 현실적으로 증가시키는 지출 금액	취득원가에 포함
수익적 지출	현상 유지를 위하여 지출하는 금액	현금지출시 비용처리

※ 자본적 지출과 수익적 지출의 요건과 사례는 66페이지를 참고하자.

⑤ 손상차손

회사는 유형자산을 취득할 때 대부분 사용하면서 예상되는 효익이 유형자산의 취득금액보다 높다고 예상한다. 예를 들어 마스크팩을 제조하여 판매하는 회사의 경우에 제조에 이용할 기계장치를 직접 구매하거나 외부로부터 렌트하는 것을 선택할 수 있고, 아예 제조를 외부에 위탁하여 대가를 지급할 수도 있을 것이다. 이 중에서 직접 구매하여 제조하는 것을 선택하였다면 직접 구매함으로써 얻는 효익이 다른 방법보다 클 것으로 예상하기 때문일 것이다. 그런데 기계장치를 이용하던 중에 경쟁사의 기술의 개발이 예상보다 빠르게 진전되어 생산하는 제품의 판매량이 크게 감소했다고 해보자. 그렇다면 기계장치를 이용하여 미래에 얻을 수 있을 것으로 예상되는 경제적 효익이 크게 줄어들어 현재의 기계장치 장부금액보다 낮아질 수 있을 것이다. 회계에서는 이렇게 기계장치를 이용하여 얻을 것으로 예상되는 회수가능액이 장부금액보다 낮아지는 경우 자산의 장부금액을 회수가능액으로 낮추고 그러한 경제적 손실을 '손상차손'이라는 비용으로 인식하도록 한다.

[유형자산의 회수가능액과 사용가치]

- 회수가능액 : 자산 또는 현금창출단위의 순공정가치와 사용가치 중 큰 금액
- 순공정가치 : 합리적 판단력과 거래의사가 있는 독립된 당사자 간에 자산 또는 현금창출단위의 매각으로부터 수취할 수 있는 금액에서 처분비용을 차감한 금액
- 사용가치 : 자산이나 현금창출단위에서 창출될 것으로 기대되는 미래현금흐름의 현재가치

유형자산의 손상차손은 자산의 손상을 시사하는 징후가 있는 경우마다 회수가능액을 추정하여 인식하여야 한다.

분 류	손상의 징후
외부정보	• 회계기간 중에 자산의 시장가치가 시간의 경과나 정상적인 사용에 따라 하락할 것으로 기대되는 수준보다 유의적으로 더 하락하였음. • 기업 경영상의 기술 · 시장 · 경제 · 법률 환경이나 해당 자산을 사용하여 재화나 용역을 공급하는 시장에서 기업에 불리한 영향을 미치는 유의적 변화가 회계기간 중에 발생하였거나 가까운 미래에 발생할 것으로 예상됨. • 시장이자율(시장에서 형성되는 그 밖의 투자수익률을 포함하며, 이하 같음)이 회계기간 중에 상승하여 자산의 사용가치를 계산하는 데 사용되는 할인율에 영향을 미쳐 자산의 회수가능액을 중요하게 감소시킬 가능성이 있음.
내부정보	• 자산이 진부화 되거나 물리적으로 손상된 증거가 있음. • 회계기간 중에 기업에 불리한 영향을 미치는 유의적 변화가 자산의 사용범위 및 사용방법에서 발생하였거나 가까운 미래에 발생할 것으로 예상됨. 이러한 변화에는 자산의 유휴화, 당해 자산을 사용하는 영업부문을 중단하거나 구조조정하는 계획, 예상 시점보다 앞서 자산을 처분하는 계획 등을 포함함. • 자산의 경제적 성과가 기대수준에 미치지 못하거나 못할 것으로 예상되는 증거를 내부보고를 통해 얻을 수 있음. • 해당 자산으로부터 영업손실이나 순현금의 유출이 발생하고, 미래에도 지속될 것이라고 판단됨.

⑥ 주요 회계처리

[유형자산의 취득]

차 변		대 변	
기계장치	1,200,000원	현금	200,000원
		건설중인자산	1,000,000원

[유형자산의 감가상각]

차 변		대 변	
감가상각비	200,000원	감가상각누계액	200,000원

[유형자산의 자본적 지출]

차 변		대 변	
기계장치	1,000,000원	현금	1,000,000원

[유형자산의 수익적 지출]

차 변		대 변	
수선비 등	1,000,000원	현금	1,000,000원

[유형자산의 재평가]

차 변		대 변	
감가상각누계액	200,000원	재평가이익(기타포괄)	200,000원

[유형자산의 손상차손]

차 변		대 변	
손상차손(비용)	300,000원	손상차손누계액	300,000원

[재무제표 공시사례] 유형자산 공시사례

[분석 포인트]

회사는 위생용품 제조업 등을 영위하는 회사로서 회사의 제품에는 보건용마스크도 포함되어 있다. 2020년도에 같은 종류의 제품을 생산하는 신규 회사가 다수 설립되었고, 현재는 동 제품의 판매가격이 많이 떨어진 상태다. 앞으로 마스크에 대한 수요가 점차 감소해간다면 수요 역시 회복하기 어려워 회사가 보유한 마스크 제조설비의 회수가능액이 감소할 것으로 예상할 수 있다.

(단위 : 백만원)

분 류	2020
자산	
유동자산	48,672
현금및현금성자산	18,177
기타유동금융자산	3,828
매출채권 및 기타유동채권	11,916
재고자산	15,862
평가충당금	(1,510)
기타유동자산	398
비유동자산	92,914
기타비유동금융자산	1,522
종속기업에 대한 투자자산	23,941
유형자산	53,582
기타비유동자산	13,869
자산총계	141,586
부채	
유동부채	42,940
비유동부채	19,000
부채총계	61,940
자본	
자본금	14,116
자본잉여금	43,201

5) 무형자산

[계정과목의 정의] 무형자산

자산	부채
현금 및 현금성자산	
매출채권	
재고자산	자본
유형자산	
무형자산	

항 목	정 의
무형자산	재화의 생산이나 용역의 제공, 타인에 대한 임대 또는 관리에 사용할 목적으로 기업이 보유하고 있으며, 물리적 형체가 없지만 식별가능하고, 기업이 통제하고 있으며, 미래 경제적 효익이 있는 비화폐성자산

무형자산은 형체를 눈으로 볼 수는 없지만 기업이 식별할 수 있고 배타적으로 이용할 수 있는 자산으로서 사업활동에 이용하여 미래 경제적 효익을 얻을 것으로 예상하는 자산을 말한다. 대표적으로 소프트웨어와 같이 외부에서 구입하였거나 특허권과 같은 산업재산권으로 법에서 권리를 인정한 것들이 있다. 무형자산은 사업에 사용할 수 있는 기간이 한정적이므로 취득원가를 내용연수에 나누어 상각하며 비용으로 인식한다. 상각에 있어 유형자산과의 차이점이라면 내용연수가 20년을 초과할 수 없다는 것과 잔존가치를 원칙적으로 인정하지 않는다는 것이 있다. 전반적으로 유형자산과 그 규정이 유사하므로 이하에서는 유형자

산과의 차이점에 해당하는 내용을 주로 살펴볼 것이다.

주요항목	내 용
종류	산업재산권(특허권, 실용신안권, 상표권 등), 라이선스와 프랜차이즈, 저작권, 소프트웨어, 개발비, 임차권리금, 광업권, 어업권 등
인식요건	• 정의요건 : 식별가능성, 통제가능성, 미래 경제적 효익 • 인식요건 : 미래 경제적 효익의 유입가능성이 높음, 자산의 원가를 신뢰성 있게 측정 가능
취득원가	• 외부취득 : 유형자산의 취득원가와 유사 • 내부개발 : 개발비 등 예외를 제외하고 인정하지 않음. • 후속적 원가 : 자본적 지출의 요건을 충족한 경우 장부금액에 포함
상각, 손상	유형자산과 유사함.

① 무형자산의 종류 – 개발비

상기 열거된 무형자산 중에 개발비는 내부에서 창출한 무형자산으로서 중요한 의미가 있다. 개발비란 회사가 연구·개발을 위해 지출하는 금액 중에 무형자산의 정의와 인식요건을 충족하여 자산으로 표시한 것을 말한다. 즉, 연구개발비는 지출할 때에 비용으로 기록하지만 요건을 충족한다면 비용이 아닌 자산으로 표시한다는 것이다. 따라서 어떤 금액이 비용이고 어떤 요건을 충족해야 자산성이 있는지 명확하게 구분해야 하지만 쉽지 않고, 이런 경우 회사에 유리한 회계처리를 선택하고자 하는 유인이 있을 수 있다. 따라서 회계기준에서는 연구개발비(비용)와 개발비(자산)의 자의적인 판단을 엄격히 제한하기 위해 연구개발 활동을 연구단계와 개발단계로 나누고 아래의 개발단계의 요건을 모두 충족했을 때에만 개발비로서 자산으로 기록하도록 하고 있다.

[개발비의 인식요건]

개발비를 무형자산으로 인식하기 위해서는 아래의 요건을 모두 만족해야 한다.

- 무형자산을 사용 또는 판매하기 위해 그 자산을 완성시킬 수 있는 기술적 실현가능성을 제시할 수 있는 경우
- 무형자산을 완성해 그것을 사용하거나 판매하려는 기업의 의도가 있는 경우
- 완성된 무형자산을 사용하거나 판매할 수 있는 기업의 능력을 제시할 수 있는 경우
- 무형자산이 어떻게 미래 경제적 효익을 창출할 것인가를 보여줄 수 있는 경우. 예를 들면, 무형자산의 산출물, 그 무형자산에 대한 시장의 존재 또는 무형자산이 내부적으로 사용될 것이라면 그 유용성을 제시하여야 한다.
- 무형자산의 개발을 완료하고 그것을 판매 또는 사용하는 데 필요한 기술적 · 금전적 자원을 충분히 확보하고 있다는 사실을 제시할 수 있는 경우
- 개발단계에서 발생한 무형자산과 관련 지출을 신뢰성 있게 구분하여 측정할 수 있는 경우

회사가 작성한 재무제표에 개발비가 있는 경우 회사의 외부감사인은 개발비가 상기 요건을 모두 충족하였는지 판단해야 한다. 2018년도에 금융감독원에서는 개발비가 빈번하게 등장하는 제약업과 같은 업종에 대해 회사의 회계처리가 적절했는지 여부를 감리하였고, 이에 대해 판단한 결과를 공시 하였다. 아래에 일반적인 제약회사의 개발비 회계처리 관련 주석사례와 금융감독원의 감리내용을 이어서 보도록 하자.

[개발비 주석공시 사례] 제약회사의 신약개발과 회계처리

회사는 내부에서 개발 중인 의약품에 대하여 약사법 및 식품의약품안전처의 의약품과 관련된 자료에 근거하여 신약, 자료제출의약품, 제네릭의약품으로 구분하여 관리하고 있습니다.

신약은 화학구조나 본질 조성이 전혀 새로운 신물질의약품 또는 신물질을 유효성분으로 함유한 의약품으로 신약개발 프로젝트는 신약후보물질발굴, 전임상, 임상1상, 임상2상, 임상3상, 정부승인 신청, 정부승인완료, 제품 판매시작 등의 단계로 진행됩니다. 또한, 회사는 주성분(구성물질)의 성격에 따라 신약을 합성신약과 바이오신약으로 구분하여 관리하고 있습니다. (중략)

제네릭 의약품은 기존에 허가된 신약과 주성분, 제형, 함량이 동일한 의약품으로, 두 제제(의약품)간의 생체이용률을 비교하여 통계학적으로 동등함을 입증하기 위하여 실시하는 시험인 생물학적 동등성 시험 등을 거쳐 정부승인 및 제품 판매시작 단계로 진행됩니다. 제네릭 의약품의 생물학적 동등성 시험은 시험의 성공률과 정부승인을 통과할 가능성이 높다고 판단하여 임상시험을 수행하는 단계에서 발생하는 비용을 자산으로 인식하고 있습니다.

회사는 신약, 자료제출 의약품, 제네릭 의약품의 순서로 엄격한 자산화 인식요건을 적용하고 있고, 내부 보고서, 임상시험결과 등 내 · 외부정보를 근거로 기술적 실현가능성, 미래 경제적 효익의 창출가능성 등 자산화 인식요건을 평가하고 있습니다. 요건을 충족한 이후에 발생한 지출 중 해당 프로젝트에 직접적으로 관련된 인건비 및 재료비를 대상으로 자산화하고 있으며, 요건이 충족하기 전단계 발생한 비용 및 요건충족 이후의 발생한 비용 중 직접적으로 관련이 없는 간접비는 모두 비용처리하고 있습니다.

[개발비 감리 사례] 금융감독원 회계처리 감독지침

(현황)

개발비의 인식요건 충족 여부는 기업과 감사인이 그 기업의 특수한 상황에 따라 스스로 판단하는 것이 원칙이나, 요건 중 "무형자산을 완성할 수 있는 기술적 실현가능성"에 대하여 다양한 의견이 존재

- 글로벌 제약기업의 경우와 같이 정부의 판매허가 시점 이후 지출만을 자산으로 인식해야 한다는 의견이 있는 한편,
- 업계에서는 대규모 글로벌 기업의 관행을 동일하게 적용하기는 어려우며, 국내 업계의 특성과 현실을 고려해야 한다는 입장

(지침)

약품유형별로 각 개발단계*의 특성과 해당 단계로부터 정부 최종 판매 승인까지 이어질 수 있는 객관적 확률통계 등을 감안하여 개발비의 자산화가 가능해지는 (즉, 기술적 실현가능성이 있다고 볼 수 있는) 단계를 설정

후보물질 발굴 → 전임상시험 → 임상 1상 → 2상 → 3상 → 정부승인 신청

〈약품유형별 연구개발비의 자산화가 가능한 단계〉

유 형	자산화 가능 단계	설정 근거
신약	임상 3상 개시 승인	• 장기간 다수의 환자를 대상으로 시험약의 안전성·약호에 대한 검증을 거치지 않은 상태(임상 3상 개시 승인 이전)에는 일반적으로 자산가치의 객관적 입증이 어려울 것으로 판단됨. • 美 제약·바이오 업계 통계에 따르면 최근 10년간 임상 3상 개시 승인 이후 정부 최종 승인율이 약 50%
바이오 시밀러	임상 1상 개시 승인	• 정부가 오리지널약과의 유사성 검증자료를 확인하지 않은 상태(임상 1상 개시 승인 이전)에서는 일반적으로 자산가치 객관적 입증이 어려울 것으로 판단됨. • 美 연구결과, 임상 1상 개시 승인 이후 최종 승인율 약 60%

유 형	자산화 가능 단계	설정 근거
제네릭	생동성시험* 계획 승인 *오리지널 약품과 생체 이용률이 통계적으로 동등한지 검증	• 정부가 오리지널약과의 화학적 동등성 검증자료를 확인하지 않은 상태에서는 일반적으로 자산가치의 객관적 입증이 어려울 것으로 판단됨.
진단 시약	제품 검증 (허가신청, 외부임상 신청 등)	• 외부의 객관적인 제품검증이 없는 상태에서는 일반적으로 자산가치의 객관적 입증이 어려울 것으로 판단됨.

② 인식요건

무형자산은 눈에 보이지 않기 때문에 일반적인 자산의 인식요건 외에 별도의 자산성을 확인하는 절차를 두고 있다. 먼저 식별가능성이란 기업과 분리되어 별도로 매각 등 이전될 수 있거나 계약상의 권리, 법적 권리로 발생하는 경우를 말한다. 그리고 통제가능성이란 무형자산의 미래 경제적 효익을 확보할 수 있고 제3자의 접근을 제한할 수 있는 권리를 말한다. 이는 법에 따라 인정받는 것이 보통이지만 항상 그런 것은 아니다. 마지막으로 미래 경제적 효익의 유입을 불러일으켜야 한다는 요건이 있다. 무형자산의 인식이 일반적인 자산의 인식요건보다 더 엄격한 이유는 무형자산이 물리적인 형체가 없기 때문에 자산이 실재하는지, 회사에 해당 자산을 이용할 권리가 있는지 알기 어렵기 때문이다. 따라서 회사가 소유하는 무형자산 외에 이러한 요건을 충족하는 다른 자산이 있다면 충분한 검토 후에 무형자산으로 인식하여야 할 것이다.

③ 취득원가

무형자산의 취득원가는 취득방식에 따라, 그리고 어떠한 방식으로 취득하게 되었는지에 따라 인정 여부가 달라진다. 소프트웨어와 같이 외부에서 취득하는 무형자산은 유형자산과 같이 해당 자산의 취득과 사용하기까지 소요되는 원가의 합계로 계산한다. 그렇다면 외부에서 취득하지 않는 자산은 어떨까? 원칙적으로 내부에서 창출되는 무형자산은 인정되지 않는다. 앞서 설명한 개발비의 사례와 같은 예외가 제한적으로 인정될 뿐이다.

마지막으로 기존 자산에 대한 추가적인 지출이 발생하는 경우 이 지출을 해당 자산의 취득원가에 포함할지 아니면 해당 기간에 비용처리할지를 결정해야 한다. 이를 유형자산과 마찬가지로 자본적 지출과 수익적 지출이라고 한다. 무형자산에 대한 후속적인 지출은 아래의 요건을 충족할 경우에 자본적 지출로서 취득원가에 포함하며 그렇지 않은 경우 수익적 지출로서 당기에 비용처리한다. 자본적 지출 요건과 유권해석을 통해 회사에 발생할 수 있을 유·무형자산의 자본적 지출을 예상해보도록 하자.

[자본적 지출과 수익적 지출]

① 일반적인 자산의 자본적 지출 요건

유형자산의 취득 또는 완성 후의 지출이 자산의 인식기준을 충족하는 경우(예 : 생산능력 증대, 내용연수 연장, 상당한 원가절감 또는 품질향상을 가져오는 경우)에는 자본적 지출로 처리하고, 그렇지 않은 경우(예 : 수선유지를 위한 지출)에는 발생한 기간의 비용으로 인식한다.

② 자본적 지출의 유권해석

【문서번호】 금감원 2004-060 : 실내인테리어 비용의 자본적 지출 여부

【질의】

○ 기존 건물을 보유하여 사업을 영위하던 병원사업자가 사업 확장을 하면서 보유 중인 토지 위의 기존 건물을 증축한 후 기존 건물과 증축한 건물 전체에 대해 실내인테리어 공사를 하였음. 이에 대해 실내인테리어 공사비에 대한 계정과목을 판단함에 있어 다음과 같은 논란이 있어 질의하고자 함.

(1) 기존 건물에 대한 자본적 지출로 보아 "건물" 계정을 사용한다.

(2) 새로운 시설장치이므로 "시설장치" 계정을 사용한다.

【회신】

○ 실내인테리어 공사에 지출한 비용이 건물 자체의 내용연수를 연장시키거나 미래의 경제적 효익을 증가시키지 못하는 경우이고, 이러한 지출이 건물과 내용연수가 상이하다면 기업회계기준서 제5호에 따라 별도의 자산으로 처리하는 것이 타당함.

③ 무형자산의 자본적 지출

아래의 요건을 모두 충족하는 경우 자본적 지출로 보아 자산의 취득원가에 포함.

무형자산과 직접 관련된다.

무형자산의 미래 경제적 효익을 실질적으로 증가시킬 가능성이 매우 높다.

그 지출이 신뢰성 있게 측정될 수 있다.

④ 상각과 손상

무형자산은 유형자산과 마찬가지로 사업에 사용하기 위하여 보유하고, 사용할 수 있는 기간이 한정된 경우가 많기 때문에 무형자산을 사용할 수 있는 기간에 나누어 상각비를 인식하는 회계처리를 한다. 또한 무형자산이 사업에 더 이상 사용할 수 없는 경우 재산적인 가치가 하락하여 장부금액에 미달할 수 있는데 이 경우에 유형자산과 같이 손상차손을 인식할 수 있다. 이러한 상각과 손상의 회계처리는 유형자산의 회계처리와 유사하므로 유형자산을 참고하도록 하자.

⑤ 주요 회계처리

[무형자산의 취득]

차 변		대 변	
개발비	1,000,000원	현금	1,000,000원
피합병자산	1,000,000원	현금	2,000,000원
영업권	1,500,000원	피합병부채	500,000원

[무형자산의 상각]

차 변		대 변	
무형자산상각비	200,000원	무형자산	200,000원

[무형자산의 손상차손]

차 변		대 변	
무형자산 손상차손	600,000원	손상차손누계액	600,000원

[재무제표 공시사례] 무형자산 공시사례

[분석 포인트]

회사는 B2B 핀테크 및 전자금융 솔루션 개발기업으로 기업전용 인터넷뱅킹 시스템을 국내최초로 개발한 것을 시작으로 현재까지 다양한 소프트웨어를 개발해왔으며 최근에는 기업의 경리업무 솔루션을 출시하여 흥행에 성공하였다. 기술개발속도가 빠른 업계에서 회사가 영업활동을 지속하기 위해서는 지속적인 연구개발이 필요하기 때문에 개발비 계정이 존재할 것을 예상할 수 있다.

(단위 : 백만원)

과 목	2020	
자산		
유동자산	7,155,734	
비유동자산	20,872,192	
무형자산	1,583,456	

과 목	2020	
주파수이용권	3,365,972	
상각누계액	(2,205,159)	
기타무형자산	422,643	
기타비유동자산	19,288,736	
자산총계		28,027,926
부채		
유동부채	6,607,967	
비유동부채	8,216,402	
부채총계		14,824,369
자본		
자본금	1,564,499	
주식발행초과금	1,440,258	
이익잉여금	11,233,714	
기타포괄손익누계액	42,906	
기타자본구성요소	(1,077,820)	
자본총계	13,203,557	
자본과부채총계		28,027,926

6) 투자자산

[계정과목의 정의] 투자자산

자산	부채
현금 및 현금성자산	
매출채권	
재고자산	자본
유형자산	
무형자산	
투자자산	

항 목	정 의
투자자산	기업의 판매활동 이외의 장기간에 걸쳐 투자이익을 얻을 목적으로 보유하는 자산

회사는 여유현금을 회사의 사업을 위해 재투자하거나 여유기간에 맞추어 금융상품과 같은 자산에 투자하고자 한다. 만약에 적당한 투자를 하지 않는다면 주주에게 배당을 하여 개별적인 투자를 하도록 하는 것이 주주의 부를 극대화하기 위한 의사결정일 것이다. 이하에서는 회사가 취득하는 투자자산이 어떠한 회계처리의 특징을 갖는지 확인하도록 한다.

주요항목	내 용
투자자산의 종류	금융상품, 지분증권(주식), 채무증권(회사채)
금융상품	정기예금, RP, MMF 등
지분증권	주식의 취득과 분류, 평가
채무증권	주식의 취득과 분류, 평가, 유효이자율법

① 금융상품

투자자산 중에 가장 손쉽게 투자할 수 있는 것이 금융상품이다. 금융상품에는 아래의 상품들이 포함된다.

> **[금융상품의 종류]**
>
> 양도성예금증서(Negotiable Certificates of Deposit), 신종기업어음(Commercial Paper), 실적배당부 단기자유금리상품(Money Market Fund), 환매조건부채권(Repurchase Agreements), 어음관리구좌(Cash Management Account), 통화채권펀드(Bond Management Fund), 뮤추얼펀드(Mutual Fund) 등

② 지분증권

지분증권은 타 회사에 대한 지배력을 나타내는 유가증권으로 일반적으로 주식회사가 발행한 주식이 여기에 포함된다. 주식은 우리나라에 활성화된 시장이 있어 자유롭게 거래가 가능한 장점이 있고 만약 주식시장에 상장되어있지 않더라도 가치의 평가가 비교적 용이하고 주식거래를 규율하는 법률적, 기술적인 기반이 마련되어있어 쉽게 투자의 대상이 될 수 있다. 그렇다면 회사가 투자의 목적으로 주식을 취득하고 처분하기까지 고려해야 할 내용을 투자의 절차에 따라 배워보도록 하자.

절 차	내 용
취득	지분증권의 분류 : 단기매매, 매도가능, 지분법적용 투자주식
평가	공정가치평가 : 공정가치, 단기매매와 매도가능의 차이
손상	손상의 사건, 실현의 사건 : 기타포괄의 실현
처분	미실현 이익의 실현

먼저 회사가 주식을 취득하는 시점에 해당 주식의 취득 목적과 유의적인 영향력이 있는지 여부에 따라 세 가지 종류로 분류할 수 있다.

분 류	분류 기준
단기매매증권	주로 단기간 내의 매매차익을 목적으로 취득한 유가증권으로서 매수와 매도가 적극적이고 빈번하게 이루어지는 것
지분법적용 투자주식	회사가 피투자기업의 주식을 취득함으로써 유의적인 영향력을 갖게 되는 경우 분류하는 것으로 지분법 회계처리를 적용함.
매도가능증권	단기매매증권이나 만기보유증권으로 분류되지 아니하는 유가증권 (지분법적용투자주식, 주식선택권과 파생상품 제외)

[취득] 회사가 A, B, C 세 종류의 주식을 취득하고 위의 분류에 따르는 경우 취득시의 회계처리는 아래와 같다.

[재무상태표 체크] 취득

재무상태표

자산		부채
투자자산		
단기매매증권	1,000,000원	
매도가능증권	1,000,000원	자본
지분법적용투자주식	1,000,000원	

차 변		대 변	
단기매매증권(A)	1,000,000원	현 금	3,000,000원
매도가능증권(B)	1,000,000원		
지분법적용투자주식(C)	1,000,000원		

(*) 지분법적용투자주식 : 자회사에 대한 지분율은 20%이고 설립과 함께 투자한 금액이다.

[평가] 취득일이 속한 연도 말이 되어 세 주식의 기말 현재 공정가치를 조사하였고 그 결과는 아래와 같다. 회사는 보유한 유가증권을 공정가치로 평가하여야 하는데 이때 평가에 따른 평가손익의 회계처리가 주식의 분류에 따라 다르다. 그리고 지분법적용투자주식의 경우 자회사의 영업성과에 따라 평가의 회계처리를 수행한다.

[재무상태표 표시] 평가

① 공정가치 자료

항 목	취 득	(기말)평가	처 분
단기매매증권	1,000,000원	800,000원	700,000원
매도가능증권	1,000,000원	1,500,000원	1,600,000원
지분법적용투자주식	1,000,000원	(*)	1,240,000원

(*) 지분법적용투자주식 : 자회사의 당기 손익계산서상의 당기순이익은 120만원으로 집계되었다.

② 회계처리와 재무상태표 표시

재무상태표

자산		부채	
투자자산			
단기매매증권	800,000원		
매도가능증권	1,500,000원	자본	
지분법적용투자주식	1,240,000원	기타포괄손익	500,000원
		이익잉여금	40,000원

차 변		대 변	
단기매매증권 평가손실(손익)	200,000원	단기매매증권(A)	200,000원
매도가능증권(B)	500,000원	매도가능증권 평가이익(기타포괄)	500,000원
지분법적용투자주식(C)	240,000원	지분법이익(손익)	240,000원

(*) 지분법적용투자주식 : 자회사에 대한 지분율은 20%이고 설립과 함께 투자한 금액이다.

지분법투자주식은 회사(모회사)가 투자한 회사(자회사)의 지분율이 자회사에 대한 '유의적인 영향력'을 행사할 수 있게 될 정도(일반적으로 20% 이상)일 것을 전제하고 있다. 그리고 유의적인 영향력을 통해 자회사에 대한 경영의사결정에 참여할 수 있게 된다면 모회사가 투자한 주식의 장부금액은 자회사의 자본총계와 함께 변동하도록 보여주는 것이 유용한 정보라고 생각한다. 따라서 자회사의 자본이 변동되는 상황마다 변동되는 금액에 지분율을 곱한 금액만큼 모회사가 보유한 지분법적용투자주식의 장부금액을 변동시킨다.

[처분] 보유하는 지분증권을 처분하는 경우 지분증권의 종류를 불문하고 관련 손익이 전액 실현된다. 따라서 지분증권의 장부금액과 현금회수액에 차이가 있는 경우 처분손익이 발생하며, 매도가능증권은 기타포괄손익으로 분류된 평가손익이 실현되어 소멸하면서 처분손익에 포함된다. 여기에서 손익이 실현된다는 의미는 손익계산서에 포함되어 회사의 당기 이익잉여금에 영향을 미치는 것을 말한다.

[재무상태표 표시] 처분

① 공정가치 자료

항 목	취 득	(기말)평가	처 분
단기매매증권	1,000,000원	800,000원	700,000원
매도가능증권	1,000,000원	1,500,000원	1,600,000원
지분법적용투자주식	1,000,000원	(*)	1,240,000원

(*) 지분법적용투자주식 : 자회사의 당기 손익계산서상의 당기순이익은 120만원으로 집계되었다.

② 회계처리와 재무상태표 표시

재무상태표

자산		부채	
현금	3,540,000원		
		자본	
		이익잉여금	540,000원

차 변		대 변	
현금	700,000원	단기매매증권(A)	800,000원
단기매매증권처분손실	100,000원		
현금	1,600,000원	매도가능증권(B)	1,500,000원
매도가능증권평가이익	500,000원	매도가능증권 처분이익	600,000원
현금	1,240,000원	지분법적용투자주식(C)	1,240,000원

③ 결과확인

당초 현금의 보유액인 3백만원에서 지분증권의 평가손익을 반영하여 54만원이 증가되었고 같은 금액이 실현되어 이익잉여금이 증가된 것을 확인할 수 있다.

③ 채무증권

회사가 회사채를 취득한 경우 지분증권과 마찬가지로 취득 목적에 따라 아래와 같이 분류한다. 이때 채권의 경우 발행시점에 대부분 만기를 확인할 수 있지만 주식은 만기가 별도로 존재하지 않는다. 따라서 회사채의 경우 만기보유증권의 분류가 추가되었다.

분 류	분류 기준
단기매매증권	주로 단기간 내의 매매차익을 목적으로 취득한 유가증권으로서 매수와 매도가 적극적이고 빈번하게 이루어지는 것
만기보유증권	만기까지 보유의 의도와 능력이 있는 경우의 분류 방법
매도가능증권	단기매매증권이나 만기보유증권으로 분류되지 아니하는 유가증권(지분법적용투자주식, 주식선택권과 파생상품 제외)

단기매매증권과 매도가능증권의 경우 앞서 살펴본 지분증권의 회계처리와 다르지 않지만 만기보유증권의 경우 보유한 회사채의 시가평가보다 채권을 만기까지 보유하는 경우의 이자수익을 효과적으로 표시하는 것이 중요한 정보가 된다. 만기까지 보유하는 와중에 굳이 시가의 금액을 알 필요가 없는 것이다. 따라서 만기보유증권은 '유효이자율법'에 따른 회계처리를 수행하는데, 만기보유증권의 취득원가와 만기까지의 회수액을 연결하는 이자율에 따라 이자수익과 장부금액의 변동을 인식하는 회계처리이다. 유효이자율법의 자세한 설명은 부채의 '사채'단원을 참고하도록 하자.

(5) 부채의 주요 계정과목과 회계처리

부채는 경제적 효익이 유출될 것으로 예상되는 현재의무로서 채무자인 회사에게는 갚아야 할 빚에 해당한다. 따라서 재무상태표에 기록된 부채는 회사의 현금과 같은 경제적인 자원이 유출될 것을 예상하게 하므로 언제, 얼마의 금액이 유출될 것인지를 표시한다면 좀 더 유용한 정보를 제공할 수 있을 것이다. 현재 기업회계기준에서는 재무상태표의 부채를 1년 혹은 정상적인 영업주기 이내에 갚아야 할 의무가 있는 경우, 즉 만기가 돌아오는 경우에 이를 '유동부채'로 분류하고 그렇지 않은 경우에 '비유동부채'로 분류하도록 하고 있다. 이를 통해 자산의 분류기준과 통일하여 회사의 유동비율, 당좌비율과 같이 유동성을 판단할 수 있는 단서를 제공하게 된다.

1) 매입채무

[계정과목의 정의] 매입채무

자산	부채 매입채무
	자본

항 목	정 의
매입채무	일반적인 상거래에서 발생한 외상매입금과 지급어음
외상매입금	일반적 상거래에서 재화와 용역을 구입하고 그 대금을 구입시점 이후에 지불하기로 약정함으로써 발생하는 유동부채
지급어음	영업상의 거래에서 상품매입대금이나 외상매입금에 대한 약속어음을 발행한 경우의 어음채무

매입채무는 회사가 원재료나 상품과 같이 영업활동에 직접 이용하고자 재고 등을 구입하고 약정된 신용 기간 동안 지불을 미룬 빚이다. 매입채무는 주된 영업활동에 이용할 자산 등의 구입으로 인해 발생하므로 일반적인 회사의 부채에서 중요한 비중을 차지하곤 한다. 매입채무는 보통 1년 이내의 신용기간을 가지므로 유동부채인 경우가 많고 이자를 지급하지 않는 부채에 해당한다. 그 밖에 매입채무의 특징을 살펴보면 아래와 같다.

주요 항목	내 용
매입할인	재화 등의 구입자가 결제를 미룬 경우 채무자로서 일정 기간 안에 채무를 갚아야 하지만 채무를 만기까지 유지하지 않고 상환하는 경우 채권자는 그 대가로 채무자에게 일정한 할인을 하여줄 수 있다. 매입이 일어나는 시점에 이러한 할인을 약정하는 경우 이를 매입할인이라고 부른다. 따라서 채무자는 매입할인의 금액만큼 구입한 자산의 취득금액을 줄이게 된다.

① 신용거래와 계정과목의 분류

매입채무는 신용거래의 결과로 발생한다. 앞서 매출채권이 거래상대방에게 신용을 준 결과로 발생한 채권이었다면 매입채무는 거래상대방이 제공한 신용으로 발생한 채무이다. 이렇게 신용거래로 발생하는 채권과 채무는 주된 영업에서 발생하는지 여부에 따라 아래와 같이 분류할 수 있다.

분 류	주된 영업	주된 영업 외
채권자	매출채권	미수금
채무자	매입채무	미지급금

미수금과 미지급금의 경우 주된 영업 외의 거래에서 발생한 것으로 유형자산과 같은 자산의 처분과 매입에서 발생할 수 있다.

② 매입할인

신용거래는 거래를 시작하기 전에 신용의 만기나 매입(매출)할인, 지연배상금 등의 조건을 약정한다. 이때 약정한 만기 이전에 채무를 갚는 경우 기간에 따라 일정률을 할인하는 것을 매입(매출)할인이라고 부르는데, 채무자가 상실한 기한의 이익만큼 대가를 지급하는 것으로 생각할 수 있다. 매입할인으로 적게 유출된 현금의 금액만큼은 매입한 재고자산의 취득원가를 감액한다. 아래의 회계처리를 참고하자.

③ 주요 회계처리

[매입채무의 발생]

차 변		대 변	
원재료	150,000	매입채무	250,0000
상품	100,000		

[매입채무의 할인]

차 변		대 변	
매입채무(10%)	250,000	현금	230,000
		원재료	20,000

[재무제표 공시사례] 매입채무 공시사례

[분석 포인트]

의약품 도 · 소매업을 영위하는 회사는 다량의 상품을 매입하여 판매하기 때문에 자산과 부채에 여신거래의 결과로 거액의 매출채권과 매입채무가 존재한다. 일반적으로 도매업은 재고를 제때 유통시키기 위해 대규모의 재고를 보유하고자 하고, 그만큼 현금의 흐름이 어려워지기 때문에 재고 매입시에 가급적이면 긴 신용기간을 받고 싶을 것이다. 따라서 전체 부채와 자산의 규모 대비 높은 금액의 매입채무를 가지게 될 수 있다.

(단위 : 백만원)

과 목	2017	
Ⅰ. 유동자산		533,927
(1) 당좌자산		431,472
현금 및 현금성자산	54,626	
매출채권	361,766	
기타 당좌자산	15,079	
(2) 재고자산		102,455
상품	103,575	
상품평가손실충당금	−1,120	
Ⅱ. 비유동자산		145,123
자 산 총 계		679,050
부 채		
Ⅰ. 유동부채		399,375
매입채무	307,694	
기타유동부채	91,681	
Ⅱ. 비유동부채		25,521
부 채 총 계		424,897
자 본		
Ⅰ. 자본금		25,291
Ⅱ. 자본잉여금		109,089
Ⅲ. 자본조정		−4,989
Ⅳ. 기타포괄손익누계액		6,576
Ⅴ. 이익잉여금		118,187
자 본 총 계		254,154
부 채 와 자 본 총 계		679,050

2) 선수금

[계정과목의 정의] 선수금

자산	부채
	매입채무
	선수금
	자본

항 목	정 의
선수금	일반적인 상거래에서 재화나 용역의 제공 이전에 선수한 금액 (유형자산 등의 취득시 선급한 금액은 건설 중인 자산으로 처리)

선수금은 영업활동 과정에서 재화나 용역을 공급하기로 약정하고 미리 받은 금액으로 공급이 있기까지 부채로 존재하다가 공급시에 매출액으로 전환된다. 따라서 선수금은 부채성 금액이기는 하지만 현금으로 갚지 않고 재화나 용역과 같은 주된 영업활동으로 갚아야 할 의무가 있는 금액이다. 따라서 선수금이 많아도 유동성의 위험에 미치는 영향이 적기 때문에 부채이지만 위험하다고는 볼 수 없다. 어느 업종이든 선수금을 수수하는 거래는 종종 발생할 수 있지만 상조업과 같이 업종의 특성상 거래의 큰 비율을 차지하는 경우도 있다.

주요항목	내 용
구분	현금을 미리 수령하는 다른 계정과목인 선수수익, 예수금과 구분

① 구분

선수금은 영업활동에서 발생한 선수액으로 영업 외의 활동에서 발생하는 선수액인 예수금, 선수수익과 비교할 수 있다. 예수금은 영업 외의 활동으로 회사에 유입되었지만 일정 시간이 지나면 다시 현금으로 유출되는 항목이다. 예를 들어 매출을 통해 회사에 유입된 부가가치세 매출세액은 회사가 물건 가격의 10%에 해당하는 금액을 걷어서 대신 납부하는 금액으로 부가가치세 신고·납부기간에 유출된다. 원천징수 예수금도 이와 유사하게 발생하지만 현금의 유입이 직접 발생하지 않는 차이가 있다.

선수수익은 영업 외의 수익으로 주된 영업이 아닌 임대수입이나 이자수입 등으로 인해 발생할 수 있다. 예를 들어 사업용 부동산을 임대하고 연간 임대수익 12백만원을 임대를 시작한 7월 1일에 모두 수령한 경우에 결산일 현재 나머지 6개월의 임대수익은 발생하지 않았지만 미리 수령하여 회사에 유입된 상태이다. 따라서 나머지 6개월치의 월세인 6백만원 만큼은 선수수익으로 회계처리 한다. 선수수익은 선수금과 같이 시간이 지나면 (영업외)수익으로 대체되는 공통점이 있다.

② 주요 회계처리

[선수금의 발생]

차 변		대 변	
현금	1,000,000원	선수금	1,000,000원

[선수금의 제거]

차 변		대 변	
선수금	1,000,000원	매출액	1,000,000원

[재무제표 공시사례] 선수금 공시사례

[분석 포인트]

회사는 장례업, 장례비품 도 · 소매 및 대여업을 영위하는 상조회사로 가입자로부터 상조서비스를 제공하기 전에 일정 금액의 현금을 미리 수령하여 거액의 '부금선수금' 계정을 기록하고 있다. 회사의 매출은 향후 회원에 장례서비스를 제공할 때 주로 발생하므로 미리 수령한 선수금을 금융자산이나 투자자산에 투자하여 수익을 얻어야 할 것이다. 따라서 당좌자산이나 투자자산, 기타비유동자산의 금액과 함께 거액의 사업용부동산도 보유하고 있다. 회사의 손익계산서에는 투자수익이 영업외수익에 기록되어 영업손실을 만회하고 당기순이익을 거두는 것을 확인할 수 있을 것이다.

(단위 : 백만원)

과 목	2020	
자 산		
Ⅰ. 유동자산		457,667
(1) 당좌자산		456,867
현금및현금성자산	95,134	
단기금융상품	34,948	
유동성매도가능증권	309,972	
기타 당좌자산	16,814	
(2) 재고자산		799
상품	799	
Ⅱ. 비유동자산		695,550
(1) 투자자산		302,710
매도가능증권	294,518	
장기대여금	3,341	
대손충당금	−1,155	
기타 투자자산	6,005	
(2) 유형자산		186,849
토지	110,564	
건물	83,931	
감가상각누계액	−9,215	

과 목	2020	
기타 유형자산	1,569	
(3) 무형자산		2,319
(4) 기타비유동자산		203,672
장기선급비용	191,253	
기타비유동자산	12,419	

3) 기타 유동부채

앞서 살펴본 주요 유동부채 외에 회사의 거래를 효과적으로 표시하기 위해 추가적인 부채계정을 정의하고 있다.

종 류	정 의	특 징
미지급금	기업의 일상적인 상거래 이외의 거래나 계약관계 등에 의하여 이미 확정된 채무 중 아직 지급이 완료되지 아니한 것	일상적인 상거래에서 발생한 채권은 매출채권
미지급비용	일정기간 계속 발생하는 비용으로서, 이미 당기에 발생하였으나 아직 지급기일이 도래하지 않아 지급되지 않고 있는 비용	지급기일이 경과하면 미지급금
예수금	장차 되돌려 줄 것을 전제로 하고 있는 영업상 또는 영업 외의 일시적인 채무	현금을 잠시 맡아두는 원천징수, 부가가치세 매출세액 등
선수수익	이미 수취한 영업외수익 중 차기 이후에 귀속될 수익	영업 관련 수취액은 선수금

위의 부채계정은 다른 계정과목과의 차이를 비교해 보면서 어떤 거래로 발생할지 생각해보며 학습하도록 하자. 일반적으로 금액이 중요하지 않은 경우가 많으므로 교재에서는 다루지 않는다.

4) 충당부채

[계정과목의 정의] 충당부채

자산	부채
	매입채무
	선수금
	충당부채
	자본

항 목	정 의
충당부채	과거사건이나 거래의 결과에 의해 발생한 현재의 의무로서, 지출의 시기 또는 금액이 불확실하지만 그 의무를 이행하기 위하여 자원이 유출될 가능성이 매우 높고 또한 당해 금액을 신뢰성 있게 추정할 수 있는 의무

충당부채는 지출의 시기 또는 금액이 불확실한 부채를 의미한다. 따라서 부채의 정의와 인식요건을 모두 충족하여야 한다. 이렇게 지출의 시기와 금액이 불확실함에도 부채를 인식하는 이유는 부채와 함께 비용을 인식하여 수익비용대응원칙을 충족하고 재무상태표에 숨겨진 채권자의 권리를 표시할 수 있기 때문이다. 아래의 사례를 보자.

[제품보증충당부채 사례]

전자제품제조업을 영위하는 A사가 제품에 대해 1년간 무상 AS를 보증하고 있다고 하자. 과거에 이 회사는 판매한 제품 중 2%에 해당하는 수량이 AS수리를 위해 입고되고 수량당 3,000원의 비용이 지출되는 것을 경험하였다. 2021년도에 판매금액 20,000원의 제품 100,000개를 판매한 회사가 충당부채를 인식하여야 할까? 인식한다면 얼마의 금액을 인식할까?

① 충당부채의 정의를 만족하는지 여부
A사는 제품 100,000개를 판매하면서 향후 1년간 2%에 해당하는 2,000개의 제품이 AS를 위해 입고될 것을 예상할 수 있다. 따라서 2,000개의 제품에 대한 6,000,000원의 비용을 지출할 것으로 예상할 수 있다. A사는 제품을 판매한 이유로 현재 6,000,000원의 비용을 인식할 의무를 부담하며 향후에 이 비용이 지출될 가능성이 높으므로 부채로 인식하여야 한다. 단지 지출의 금액이 확정되지 않았으므로 충당부채로서 '제품보증충당부채'의 계정을 이용한다.

② 회계처리
제품보증충당부채를 6,000,000원만큼 인식하면서 같은 금액의 제품보증비용을 함께 인식한다.

위의 사례를 보고 충당부채의 의미를 생각해보자. 먼저 손익계산서 측면에서 제품 100,000개의 판매를 통해 20억원의 매출액을 인식할 때 제품보증비 6백만원을 비용으로 인식한다. 수익비용대응원칙에 따르면 비용은 관련된 수익이 인식될 때 함께 인식하여야 유용한 회계처리에 해당하는데 제품보증비 6백만원은 제품의 매출액 20억원으로 인해 발생하였고 따라서 제품보증비가 실제로 지출되는 향후 1년 간이 아닌 매출이 일어난 시점에 매출액의 인식과 함께 제품보증비를 미리 인식하도록 하는 것이다. 이렇게 20억원의 매출액과 6백만원의 제품보증비를 대응하는 회계처리를 한다. 향후에 실제로 보증수리를 통해 비용이 지출될 때에는 현금의 지출과 함께 기존에 인식한 제품보증충당부채와 상

계한다. 뒷편의 회계처리를 참고하도록 하자.

재무상태표의 측면에서 보면 제품보증충당부채를 인식하면서 잠재적인 채권자인 고객의 권리를 재무상태표에 인식한다. 하지만 회사의 자산은 그대로인데 부채의 권리자인 채권자가 증가되므로 어쩔수 없이 주주의 권리를 줄여야 할 것이다. 따라서 손익계산서에 제품보증비를 인식하여 이익을 줄이고 그만큼 이익잉여금을 감소시켜 주주의 권리를 줄이게 되는 것이다. 사업에서의 위험을 주주에게 부담시키는 회계처리라는 의미를 가질 수 있다.

충당부채는 재무상태표와 손익계산서의 인식의 원칙과 그 논리를 이해할 수 있는 중요하고 의미있는 항목에 해당하므로 명확히 이해하도록 하자.

주요항목	내 용
종류	판매보증충당부채, 반품충당부채, 복구충당부채, 소송충당부채, 퇴직급여충당부채
최선의 추정치	현재의무의 이행에 소요되는 지출에 대한 보고기간 말 현재 최선의 추정치, 일반적으로 회사의 과거 경험률을 기초로 계산

① 종류

사업활동의 과정에서 불확실한 미래에 지출이 예상되는 사건은 빈번하게 발생할 수 있다. 아래의 실제 회사 사례를 먼저 읽어보도록 하자.

[충당부채 사례] A사의 감사보고서

과거사건의 결과로 현재의 법적의무나 의제의무가 존재하고, 그 의무를 이행하기 위한 자원의 유출가능성이 높으며, 당해 금액의 신뢰성 있는 추정이 가능한 경우 판매보증충당부채, 반품충당부채, 복구충당부채 및 소송충당부채 등을 인식하고 있습니다.

판매보증충당부채는 무상 품질보증수리와 관련하여 장래에 지출될 것이 예상되는 금액을 보증기간 및 과거 경험률 등을 기초로 추산하여 인식하고 있습니다.

반품충당부채는 과거에 판매된 제품과 관련하여 장래에 발생할 것으로 예상되는 반품액을 과거 경험률 등을 기초로 추산하여 인식하고 있습니다. 임차자산에 대해서 임차계약에 의거하여 계약기간이 만료된 후에 반드시 원상을 회복하여야 하는 경우, 이러한 원상회복을 위해 시설물을 제거, 해체, 수리하는데 소요될 것으로 추정되는 비용의 현재가치를 복구충당부채로 계상하고 있습니다. 소송 혹은 분쟁 등과 관련해 경제적 효익이 내재된 자원이 유출될 가능성이 높고 그 금액을 신뢰성 있게 추정할 수 있는 경우 그 금액을 소송충당부채 등으로 계상하고 있습니다.

위의 사례에서 회사는 제조회사로서 네 가지 종류의 충당부채를 인식하고 있다. 회사는 위의 충당부채의 종류에 따라 현재의 의무를 부담하고 있을까? 먼저 판매보증충당부채와 반품충당부채는 회사가 제품의 판매를 촉진하기 위해 판매보증과 반품의 서비스를 제공하기로 확약하였기 때문에 제품의 판매에 따라 의무가 발생하고, 복구충당부채와 소송충당부채는 임차인으로서 법에서 정한 목적물의 원상회복 의무와 소송에 따라 법의 판단에 따라 보상금을 지급해야 하는 의무가 발생할 것을 예상할 수 있다. 정리하면 충당부채를 인식하기 위한 요건인 현재의 의무는 아래와 같이 두 가지 원인으로 발생하는 것을 확인할 수 있다.

현재의무	종 류
의제의무	의무의 부담이 강하게 예상되거나 계약에 따라 부담하는 의무
법적의무	법에서 정한 의무

의제의무로서 회사가 판매한 제품에 대한 AS보증을 확약하지 않아도 회사가 그러한 정책이 있고 AS를 해줄 것이라는 보편적인 믿음이 있다면 이는 의제의무에 해당하여 충당부채를 인식해야 할 수 있다. 따라서 회사의 사업활동에서 이러한 충당부채가 발생하지 않는지 심도있는 판단이 필요하다.

② 최선의 추정치

충당부채는 지출의 시기나 금액이 불확실한 부채이므로 얼마의 금액을 부채와 비용으로 인식하여야 하는지가 중요한 문제로 발생한다. 회계기준에서는 충당부채의 금액에 대해 '최선의 추정치'를 인식하여야 한다고 정하고 있다. 최선의 추정치란 여러 발생가능한 상황과 상황별 가능성, 금액이 주어지는 경우 모든 상황에 대한 기댓값으로 구할 수 있다. 보통은 위의 사례에서와 같이 회사의 과거 경험을 통해 현재의 의무를 추정하는 경우가 많다. 앞서 매출채권의 대손충당금 설정사례도 이와 유사하다. 최선의 추정치에 대한 회계기준의 내용을 확인하여보자.

보론 :: [회계기준] 최선의 추정치

충당부채의 금액을 추정할 때에는 불확실성과 관련된 상황에 적합한 방법을 사용한다. 예를 들면, 현금유출이 발생 가능한 경우가 여러 가지일 때 충당부채는 각 경우의 현금유출 추정액에 각각의 발생확률을 곱한 금액의 합계금액으로 인식할 수 있다. 이 경우, 현금유출 발생확률에 따라 충당부채로 인식하는 금액은 달라지게 된다. 만약 발생가능한 금액이 일정범위 내에서 비례적으로 증가하는 분포를 이루고 각각의 발생확률이 동일한 경우에는 그 범위의 중간값이 충당부채로 인식할 금액이다. 하나의 현재의무를 이행하기 위한 현금유출이 여러 가지 금액으로 추정될 수 있는 경우에는 그 중 발생확률이 가장 높은 추정금액(최빈치)으로 충당부채를 인식할 수 있다. 다만, 그 밖의 발생 가능한 추정금액 대부분이 발생확률이 가장 높은 추정금액 보다 더 큰(더 작은) 경우에는 발생확률이 가장 높은 추정금액 보다 더 큰(더 작은) 추정금액이 최선의 추정치가 될 수 있다.

③ 주요 회계처리

[충당부채의 설정]

차 변		대 변	
충당부채 전입액(비용)	200,000원	충당부채	200,000원

[충당부채의 지출]

차 변	대 변
충당부채	현금

[재무제표 공시사례] 충당부채 공시사례

[분석 포인트]

회사는 전자제품제조업을 영위하는 가운데 각종의 충당부채를 보유하고 있다. 판매조건에 따라 유동부채와 비유동부채에 기록된 판매보증충당부채나 임차자산의 계약기간이 만료된 후에 원상회복의 의무가 있는 경우 복구충당부채를 인식하고 소송의 결과 경제적 자원의 유출이 예상되는 경우 해당 금액을 신뢰성있게 추정하여 소송충당부채로 기록하고 있다. 충당부채는 각각 잠재적인 채권지의 권리를 표시하므로 각각의 충당부채의 채권자가 누구일지 생각해보자.

(단위 : 백만원)

항 목	2020
자산	
유동자산	9,669,743
비유동자산	20,030,244
자산총계	29,699,987
부채	
유동부채	12,101,343
충당부채	588,011
판매보증충당부채	585,953
복구충당부채	2,058
소송충당부채 등	0
기타부채	11,513,332

항 목	2020
비유동부채	7,676,911
충당부채	138,852
판매보증충당부채	30,045
복구충당부채	8,175
소송충당부채 등	100,632
기타부채	7,538,059
부채총계	19,778,254
자본	
자본금	904,169
주식발행초과금	3,088,179
이익잉여금	6,018,118
기타포괄손익누계액	(55,914)
기타자본구성요소	(32,819)
자본총계	9,921,733
부채와 자본 총계	29,699,987

5) 차입금과 사채

[계정과목의 정의] 차입금

자산	부채
	매입채무
	선수금
	충당부채
	차입금
	자본

항 목	정 의
차입금	기업이 필요한 운용자금 조달을 위하여 민법상의 금전소비대차계약 또는 준소비대차계약에 의하여 금전이나 어음 등을 차입
사채	주식회사가 확정채무임을 표시하는 증권을 발행하여 다수인으로부터 장기간 거액의 자금을 차입함으로써 발생하는 부채

회사는 사업활동에 필요한 자금을 조달하기 위해 채권자에게서 현금을 차입할 수 있다. 이를 차입금이라고 하며 차입하는 시점에 만기나 이자율과 같은 차입조건을 설정한다. 지금까지 살펴본 부채 계정과목과 차입금의 차이점은 이자가 발생한다는 것인데 이자는 채권자에게 자금 대여의 대가로 지급하는 수익이다. 또한 앞서 살펴본 부채의 계정과목은 영업활동과정에서 부여받은 신용의 결과로 발생하였다면 차입금은 재무활동의 결과로 부여받은 신용의 결과로 발생하는 발생원인에서 차이가 있다. 이렇게 차입금은 하나의 채권자로부터 조건을 정하여 자금을 차입하는 방식인데 반해 다수의 채권자들로부터 약정한 조건에 따라 자금을 차입하고 차입에 대한 증표로 유가증권인 채권을 발행하는 사채발행의 방식도 있다. 즉, 차입금과 사채는 채권자의 수와 종류, 유가증권의 발행 여부에 차이가 있지만 그밖에 차입의 조건이나 회계처리는 큰 차이를 보이지 않기 때문에 이하에서는 사채를 기준으로 설명하고자 한다.

주요항목	내 용
현재가치	채권 · 채무로서 명목금액과 공정가치의 차이가 유의적인 경우에는 이를 공정가치로 평가하는데 일반적으로 현금흐름이 미래에 발생하는 경우 공정가치인 현재가치는 현금흐름의 액면금액과 다르므로 그 차이가 유의적인지 확인해야 함.
상각표	금융상품의 공정가치인 현재가치와 현금흐름의 차이를 조정하여 회계처리에 이용하는 표

주요항목	내 용
사채 회계처리	사채는 일반적인 차입금과 실질을 유사하지만 회계처리의 표시 방식이 일부 다름

① 현재가치

사채는 유가증권을 발행하는 시점에 현금이 회사에 유입되고 이후 만기까지 이자와 원금이 유출되는 현금흐름이 나타난다. 이렇게 현금흐름의 유입과 유출시점에 차이가 발생하는데 회계에서는 시점이 다른 현금흐름의 차이를 숫자로 재무제표에 반영하고자 현재가치라는 개념을 이용한다. 현재가치의 차이는 이자율로 인해서 발생하는데 우리는 현재의 100만원의 가치가 1년 뒤의 100만원의 가치보다 높다는 것을 알고 있다. 이자율이 10%인 경우 현재의 100만원은 1년 뒤에 110만원과 같은 가치를 가지고, 1년 뒤로 시점을 맞추어 금액을 직접 비교할 수 있기 때문이다. 그렇다면 같은 논리로 1년 뒤의 100만원을 지금의 가치로 계산해볼 수도 있다. 얼마의 금액을 10%의 이자율로 예금하였을 때 원리금의 합계가 1년 뒤에 100만원이 될 것인가의 질문과 같다. 이렇게 계산하는 것이 100만원의 현재가치의 금액이다.

[현재가치 사례]

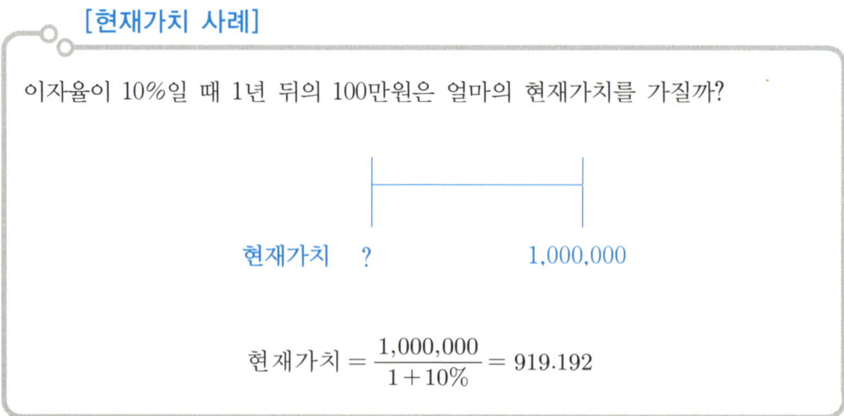

$$\text{현재가치} = \frac{1{,}000{,}000}{1+10\%} = 919.192$$

위와 같이 이자율을 이용하면 미래시점의 현금흐름도 현재의 가치로 모두 표현할 수 있다. 이러한 개념을 이용하여 미래시점의 현금흐름이 발생하는 사채의 회계처리와 상각표를 작성할 수 있는데 아래의 사채를 예로 들어보자.

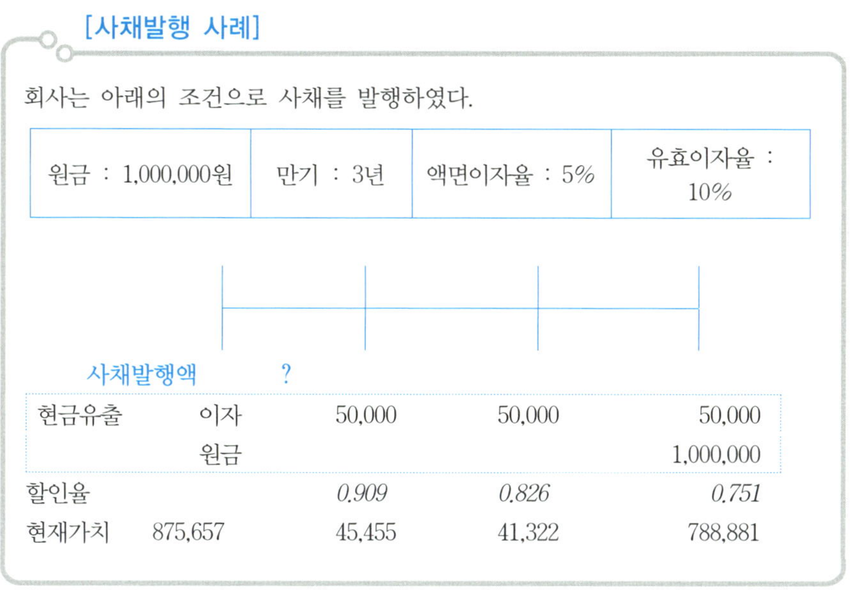

[사채발행 사례]

회사는 아래의 조건으로 사채를 발행하였다.

원금 : 1,000,000원	만기 : 3년	액면이자율 : 5%	유효이자율 : 10%

사채발행액	?			
현금유출	이자	50,000	50,000	50,000
	원금			1,000,000
할인율		*0.909*	*0.826*	*0.751*
현재가치	875,657	45,455	41,322	788,881

사채는 만기에 100만원을 지급하기로 약정하고 사채의 권면에 약정한 이자율이 5%이다. 따라서 이 사채를 소지한 사람은 매년 말에 5만원의 이자를 받게 될 것이다. 그렇다면 이러한 사채를 발행할 때 투자자는 발행회사에 100만원을 지급할까? 예를 들어 사채를 발행한 회사가 신용등급이 높지 않아 은행에서 차입하고자 한다면 10%의 이자율을 부담해야 하는 회사라고 하자. 그렇다면 이 회사가 실질적으로 외부에서 차입하고자 할 때 신용등급에 따라 부담해야 하는 이자율은 10%이고 이를 회사가 발행한 사채의 '유효이자율 혹은 실질이자율'이라고 부른다. 그런데 회사는 사채를 발행하면서 5%의 이자만 부담하기로 약정하였으

므로 투자자는 위험은 높지만 적정한 이자를 지급하지 않는 사채에 투자하지 않는다. 그렇다면 회사는 사채를 팔기 위해 가격을 낮출 수밖에 없고 투자자와 이해가 맞아떨어지는 가격에서 사채는 투자자에게 매각될 것이다. 이를 사채의 시가라고 하는데 사채의 시가는 사채의 미래 현금흐름을 사채의 유효이자율로 할인한 현재가치 금액이다. 위에서 계산한 것처럼 사채의 만기까지 사채로 인한 현금흐름을 사채의 유효이자율인 10%로 할인하여 현재가치로 계산한 금액의 합계는 875,657원이다. 따라서 투자자는 회사가 사채의 가격을 875,657원까지 낮추었을 때 비로소 투자하고 회사에 같은 금액이 입금되게 된다. 결국 투자자는 사채의 발행시점에 875,657원을 회사에 투자하고 매 연도 말에 이자인 5만원과 함께 만기에 100만원을 수령하게 된다. 그렇다면 투자자는 사채를 싸게 샀으니 투자의 수익이 매우 높을까? 그렇지 않다. 투자자는 매 연도마다 회사의 유효이자율인 10%의 수익률을 얻을 뿐이다. 이러한 사실은 상각표와 회계처리를 통해 더 깊이 이해할 수 있다.

② 상각표

사채의 상각표는 이렇게 유가증권인 사채의 권면에 약정한 액면이자율과 사채를 발행한 회사의 신용등급에 따른 유효이자율이 서로 다를 때 회사가 회계에 따라 인식할 이자비용과 사채의 장부금액의 변동을 계산한 표이다. 회사가 지급하는 이자율이 5%이므로 매연도마다 인식할 이자비용이 5만원일 것 같지만 이 사채의 발행에는 숨겨진 이자가 있다. 회사는 만기에 100만원을 지급해야 하지만 발행하는 시점에 수령한 금액은 875,657만원뿐이기 때문에 그 차액인 124,343원을 선이자의 명목으로 먼저 지급했다고 볼 수 있기 때문이다. 그렇다면 회계에서는 이렇게 지급한 선이자를 매 연도의 이자의 금액으로 나누어 인식하고자 하는데 단순히 매 연도별로 같은 금액으로 나누지 않고 아래와 같이 기초의 사채 장부금액에 유효이자율을 곱한 금액만큼 매 연도에 이자비용으로 인식하고자 한다.

시 점	이자비용	지급액	상각액	장부금액
발행				875,657
1기말	87,566	50,000	37,566	913,223
2기말	91,322	50,000	41,322	954,545
만기	95,455	50,000	45,455	1,000,000

이제부터는 아래의 사채 회계처리를 같이 보면서 읽어보도록 하자. 사채의 발행시점에 875,657원의 현금이 유입되고 사채의 원금은 100만원이다. 따라서 이 차액이 선이자에 해당하는데 이 계정과목의 이름을 '사채할인발행차금'이라고 부르며 사채의 차감항목으로 표시한다. 뒷편의 [사채의 발행] 회계처리를 참고하자. 사채할인발행차금은 사채의 차감항목이기 때문에 결국 사채의 장부금액은 사채의 발행액과 같은 875,657원이다. 따라서 이하에서는 사채의 장부금액으로 항상 사채할인발행차금을 차감한 잔액으로 표현하도록 하자.

이제 첫째연도 말에 이자를 지급하는 시기가 되면 회사는 현금 5만원을 지급하고 이자비용을 인식한다. 하지만 회사는 유효이자율이 10%인 회사이기 때문에 이 유효이자율만큼 이자비용을 인식하여야 한다. 그래야만 선이자를 매년 이자비용으로 인식할 수 있게 된다. 그렇다면 상각표에 따라 회사가 인식할 이자비용의 금액과 현금지급액이 계산되고 그 차액이 대변에 기록되어야 하는데 이는 사채 발행시점에 발생한 '사채할인발행차금'을 기록한다. 따라서 사채할인발행차금의 금액은 대변의 기록으로 그만큼 상각되게 되고 채권의 장부금액은 증가하게 된다. 아래의 **[사채의 1기 이자지급]** 회계처리를 참고하자. 이자비용의 회계처리로 사채할인발행차금이 상각된 만큼 사채의 장부금액이 증가되어 913,223원이 되었다. 이제 2기가 되었는데 이자비용은 증가된 사채의 장부금액에 유효이자율을 곱한 금액만큼 인식하고 그 밖의 회계처리는 1기와 유사하다. 다음 장의 **[사채 2기 이자지급]** 회계처리를 참고하자. 이제 만기가 되면 마지막 이자비용의 인식과 함께 원금을 지급해야 한다. 아래의 **[사채의 만기 회계처리]를 참고하면** 먼저 이자비용을 인식하면 사채할인발행차금은 모두 상각되어 더 이상 남아있지 않고 사채의 장부금액은 원금인 100만원과 같아진다. 그리고 원금을 현금으로 지급하면 사채의 장부금액도 제거되게 된다.

이렇게 사채는 발행하는 시점에 사채의 액면이자율과 유효이자율이 달라지는 경우 상각표에 따라 이자비용과 현금흐름을 기록한다. 이때 액면이자율과 유효이자율의 상대적인 크기에 따라 사채를 할인발행하기도 하고 할증발행하기도 한다. 이때 발생하는 계정인 사채할인발행차금이나 사채할증발행차금은 이자비용의 지급과 현금흐름의 시기를 조정하면서 회사의 이자비용을 매 연도마다 유효이자율만큼 인식되도록 하는 조정항목에 해당한다.

상 황	명 칭	조정계정
액면이자율 〈 유효이자율	할인발행	사채할인발행차금
액면이자율 〈 유효이자율	할증발행	사채할증발행차금
액면이자율 = 유효이자율	시가발행	-

일반적으로 사채는 시가발행되지만 유가증권의 발행시에 발행비용이 발생하기 때문에 회사에 유입되는 현금이 적어져 사채할인발행차금의 계정이 발생하게 된다.

③ 사채 회계처리

[사채의 발행]

차 변		대 변	
현금	875,657	사채	1,000,000
사채할인발행차금	124,343		

[사채의 1기 이자지급]

차 변		대 변	
이자비용	87,566	현금	50,000
		사채할인발행차금	37,566

[사채의 2기 이자지급]

차 변		대 변	
이자비용	91,322	현금	50,000
		사채할인발행차금	41,322

[사채의 만기 회계처리]

차 변		대 변	
이자비용	95,455	현금	50,000
		사채할인발행차금	45,455
사채	1,000,000	현금	1,000,000

[재무제표 공시사례] 차입금과 사채 공시사례

[분석 포인트]

중공업을 영위하는 회사는 대규모 설비투자 등을 위해 거액의 회사채와 차입금을 보유하고 있다. 주석에는 회사가 발행한 사채는 공모와 사모, 회사채, 신주인수권부사채 등으로 구분되며 발행 순서에 따라 회차별로 구분하여 표시되어 있다. 주석을 통해 회사의 장·단기 차입금의 차입조건, 회사채의 발행조건과 신주인수권부사채의 발행조건 등을 확인할 수 있다.

(단위 : 원)

항 목	2020
자산	
유동자산	6,625,786
비유동자산	6,054,572
자산총계	12,680,359
부채	
유동부채	7,356,364
매입채무	418,643
단기차입금	1,811,810
계약부채	1,716,202
유동장기부채	1,574,340
기타유동부채	1,835,368
비유동부채	1,636,835
사채	208,669
장기차입금	1,098,800
기타비유동금융부채	329,366
부채총계	8,993,199
자본	0
자본금	3,150,574
주식발행초과금	944,052
기타포괄손익누계액	701,698
기타자본항목	(963,896)
이익잉여금	(145,268)
자본총계	3,687,160
자본과부채총계	12,680,359

(6) 자본의 주요 계정과목과 회계처리

1) 자본금과 자본잉여금

[계정과목의 정의] 자본금

자산	부채
	자본 자본금

항 목	정 의
자본금	주주의 불입자본 중 상법의 규정에 따라 정관에 자본금으로 확정되어 있는 법정자본금으로 회사가 발행한 주식의 액면금액의 합계액

주식회사가 설립될 때 가장 먼저 하는 거래는 주식을 발행하고 자본은 납입 받는 거래이다. 이때 발행하는 주식에는 액면금액이 쓰여 있는데 한 주당 100원에서 10,000원과 같이 회사의 의도에 따라 다양하게 발행할 수 있다. 이렇게 주식을 발행하고 자금을 조달할 때 납입 받은 금액을 납입자본이라고 부르며 자본에 기록한다. 이때 회사가 발행한 주식의 액면금액의 합계를 자본금이라고 한다.

주요항목	내 용
발행	주식을 새롭게 발행하여 주주에게 인수하고 그 대가를 납입받는 자금조달행위

① 발행

자본금은 회사가 발행한 주식의 액면금액의 합계액으로 계산하지만 회사가 주식을 발행할 때 유입되는 현금이 주식의 액면금액의 합계와 다른 경우가 많다. 주식을 발행할 때에는 주식의 시가로 발행하는 것이 원칙이기 때문이다. 주식의 시가는 평가하는 여러 기법이 있는데 일반적으로 현재가치할인법(DCF)을 이용하고, 최근에는 잔여이익법(RIM)을 통해 간편하게 평가하기도 한다. 주식의 시가는 회사의 미래 수익성에 따라 달라지기 때문에 회사의 영업성과가 좋을 것으로 예상된다면 주식의 시가는 액면금액보다 높고 그렇지 않다면 액면금액보다 적을 수도 있다. 이렇게 주식의 발행으로 유입되는 현금과 액면금액과의 차이는 할증발행의 경우 '주식발행초과금'으로, 할인발행의 경우 '주식할인발행차금'의 계정과목으로 표시한다. 주식발행초과금은 자본잉여금으로 분류하고 주식할인발행차금은 자본조정으로 분류한다.

그렇다면 이렇게 주식을 발행할 때 주식의 액면금액과 다르게 발행한다면 자본금의 의미는 무엇일까? 자본금은 회사 사업 자금의 기초로서 채권자 보호 등의 관점에서 사내에 유보시켜야 하는 자산가액의 최저한도의 의미가 있다. 따라서 정부나 공공기관이 발주하는 사업에 입찰할 때 자본금의 규모를 적도록 하여 회사의 신용도를 가늠해보는 용도로 사용하기도 한다.

② 자본잉여금

[계정과목의 정의] 자본잉여금

자산	부채
	자본 자본금 자본잉여금

항 목	정 의
자본잉여금	자본거래에서 발생한 잉여금

자본잉여금은 자본거래에서 발생한 잉여금을 의미하고 자본거래란 회사와 주주가 수행한 자본금과 자본잉여금의 증감을 일으키는 거래를 말하는 것으로 증자, 감자 등이 여기에 해당한다. 증자란 자본금의 증가를 말하는데 회사가 투자자로부터 현금을 수령하고 주식을 발행하는 경우 이를 유상증자라 하고 액면금액을 초과하는 현금의 수령액을 '주식발행초과금'으로 표시한다. 증자거래 외에 자기주식의 처분을 통해 이익이 발생하는 경우 발생하는 '자기주식처분이익', 자본금의 감소 거래에서 발생하는 차익인 '감자차익'의 계정과목이 자본잉여금에 포함된다.

③ 주요 회계처리

[주식 할증발행]

차 변		대 변	
현금	1,000,000	자본금	500,000
		주식발행초과금	500,000

[주식 할인발행]

차 변		대 변	
현금	1,000,000	자본금	2,000,000
주식할인발행차금	1,000,000		

[재무제표 공시사례] 자본금 공시사례

[유상증자 공시(납입일 2018. 1. 23.)]

구 분	배정현황			
	건수	수량(주)	금액(원)	비율(%)
제3자배정유상증자	1	8,261,731	1,068,894,495,049	100

당사는 금번 발행되는 신주 8,261,731주를 원주로 하여 해외 기관투자자들을 대상으로 총 미화 999,999,920달러의 GDR을 발행하기로 결정하였습니다. 본건 신주 1주당 모집가액은 본건 1GDR의 모집가액인 USD 121.04를 원화로 환산한 금액인 금 129,379원으로, 환율은 납입일 당일인 2018년 1월 23일자로 서울외국환중개㈜가 최초고시한 매매기준율(1 USD = 1,068.90)을 적용하였습니다. 이에 따라, 본건 신주의 발행총액은 1주당 발행가액(129,379원)에 발행수량을 곱하여 계산한 금 1,068,894,495,049원을 기재하였습니다.

(단위 : 백만원)

항 목	2018.3.	2017.12.
자 산		
유동자산	1,677,009	632,508
현금 및 현금성자산	997,491	388,574
단기금융상품	474,376	14,834
기타유동자산	205,142	229,100
비유동자산	4,388,836	4,324,369
자산총계	6,065,845	4,956,878
부 채		
유동부채	1,019,728	948,931
비유동부채	391,545	450,237
부채총계	1,411,272	1,399,168
자 본		
자본금	38,187	34,004
자본잉여금	4,086,797	3,036,434
자본조정	−4,570	−6,026
기타포괄손익누계액	−10,407	−4,472
이익잉여금(결손금)	544,565	497,769
자본총계	4,654,573	3,557,710
부채와 자본총계	6,065,845	4,956,878

2) 자본조정

[계정과목의 정의] 자본조정

자산	부채
	자본
	자본금
	자본잉여금
	자본조정

항 목	정 의
자본조정	자본거래에 해당하나 최종 납입된 자본으로 볼 수 없거나 자본의 가감 성격으로 자본금이나 자본잉여금으로 분류할 수 없는 항목

자본조정의 정의만으로는 직관적으로 이해하기 어려울 수 있다. 거래에 따라 자본의 감소항목을 자본조정으로 분류하는데 여기에는 앞서 살펴본 주식할인발행차금이나 회사가 발행한 주식을 취득한 '자기주식', '감자차손', '자기주식 처분손실' 등이 있을 수 있다. 여기에서 자기주식을 좀 더 살펴보면 회사가 발행한 주식을 취득한다면 시장에 유통되는 주식의 숫자가 감소하여 주주총회에 소집된 주주의 실질 지분율이 오르는 효과를 거둘 수 있다. 이렇게 회사가 자기주식을 취득한다면 시장에 큰 영향을 끼칠 수 있으므로 원칙적으로 자기주식의 취득을 인정하지 않다가 최근에 개정된 상법에서는 요건에 따라 인정하고 있다. 이때 주식은 주식회사의 주인으로서의 권리를 나타내는데 이를 스스로 취득한

회사의 거래가 어색할 수 밖에 없다. 회계에서는 이러한 자기주식 취득의 경제적 실질이 자본의 감소와 같다고 본다. 따라서 취득한 자기주식을 자산이 아닌 자본조정에 음수의 금액으로 기록한다. 자기주식을 보유한 회사의 재무상태표를 참고하자.

① 주요 회계처리

[자기주식 취득]

차 변		대 변	
자기주식	1,000,000	현금	1,000,000

[자기주식 처분]

차 변		대 변	
현금	2,000,000	자기주식	1,000,000
		자기주식처분이익	1,000,000
현금	500,000	자기주식	1,000,000
자기주식처분손실	500,000		

[재무제표 공시사례] 자본조정 공시사례

기타자본항목은 전액 회사가 주가안정을 목적으로 보유한 자기주식이며, 당기말 및 전기말 현재 자기주식의 내역은 아래와 같다.

구 분	당기말	전기말
보통주	13,222,514주	13,222,514주
1우선주	2,202,059주	2,202,059주
2우선주	1,376,138주	1,376,138주
3우선주	24,782주	24,782주

(단위 : 백만원)

항 목	2017
자 산	
유동자산	23,299,445
비유동자산	46,831,205
자산총계	70,130,650
부 채	
유동부채	10,360,637
비유동부채	5,545,595
부채총계	15,906,232
자 본	
자본금	1,488,993
자본잉여금	4,009,870
기타자본항목	(1,640,095)
기타포괄손익누계액	480,092
이익잉여금	49,885,558
자본총계	54,224,418
부채와 자본총계	70,130,650

3) 기타포괄손익누계

[계정과목의 정의] 기타포괄손익

자산	부채
	자본
	자본금
	자본잉여금
	자본조정
	기타포괄손익

항 목	정 의
기타포괄손익	일정 기간 동안 주주와의 자본거래를 제외한 모든 거래나 사건에서 인식한 자본의 변동 중에서 당기순이익에 포함되는 거래를 제외한 잔액

기타포괄손익은 기타의 포괄손익이라는 의미인데 포괄손익이란 일정 기간 동안 주주와의 자본거래를 제외한 모든 거래나 사건에서 인식한 자본의 변동을 의미한다. 이 포괄손익 중에서 당기순이익에 포함되는 손익은 이익잉여금으로 표시하고 그 외에는 기타포괄손익으로 표시한다.

> **매도가능증권평가손익의 회계처리와 재무상태표**
>
> 예를 들어 매도가능증권의 평가이익과 평가손실을 기타포괄손익으로 분류하는데 100만원에 취득한 매도가능증권의 기말현재 시가가 150만원이 된 경우 자산을 50만원만큼 증가시키면서 대변에 매도가능증권 평가이익이 기록된다.

위에서 보듯이 매도가능증권의 평가이익은 자산의 증가와 함께 자본의 증가를 일으키지만 매도가능증권은 취득목적이 단기에 빈번하게 처분하기 위한 용도가 아니기 때문에 그 자산의 평가이익은 단기에 실현될 것으로 보기 어렵다. 따라서 매도가능증권의 평가이익을 기타포괄손익으로 분류하고 당기순이익으로 분류하지 않음으로써 주주가 배당하지 못하도록 한 것이다. 만약에 위의 주식이 단기매매증권으로 분류되었다면 단기에 실현될 이익으로 보아 평가이익을 영업외이익에 포함하고 주주가 배당받을 수 있도록 한다. 따라서 기타포괄손익은 주주에게 배당할 수 있는 재원인 이익잉여금과 구분되며, 이후에 다른 거래를 통해 실현되는 경우에 당기손익에 포함하여 이익잉여금으로 분류하게 한다. 매도가능증권의 평가손익의 경우에는 해당 증권을 처분하는 경우가 대표적인 실현의 시점이 된다.

① 주요 회계처리

[매도가능증권의 취득]

차 변		대 변	
매도가능증권	1,000,000	현금	1,000,000

[매도가능증권의 평가이익]

차 변		대 변	
매도가능증권	500,000	매도가능증권 평가이익	500,000

[매도가능증권의 처분]

차 변		대 변	
현금	2,000,000	매도가능증권	1,500,000
매도가능증권 평가이익	500,000	매도가능증권 처분이익	1,000,000

[재무제표 공시사례] 기타포괄손익 공시사례

[분석 포인트]

건축자재 등의 제품을 제조·판매, 유통하는 사업을 영위하는 이 회사는 여유자금을 각종의 금융자산에 대규모로 투자하고 있다. 사업용유형자산 이외에도 시장성 및 비시장성 증권에 대규모로 투자하여 투자수익을 일으키고 있는 것을 확인할 수 있다.

(단위 : 백만원)

항 목	2020
자산	
유동자산	2,111,476
현금및현금성자산	200,762
단기금융상품	884,325
매출채권	423,073
기타 유동자산	603,316
비유동자산	6,653,843
기타비유동금융자산	3,034,175
관계기업 및 공동기업투자	85,750
종속기업투자	1,089,488
유형자산	1,806,942
기타 비유동자산	637,487
자산총계	8,765,319
부채	
유동부채	2,301,595
비유동부채	1,437,434
부채총계	3,739,029
자본	

자본금	48,085
자본잉여금	553,071
자본조정	(1,130,067)
기타포괄손익누계액	(32,810)
이익잉여금	5,588,012
자본총계	5,026,290
부채및자본총계	8,765,319

[회사가 투자 중인 증권 내역] (단위 : 백만원)

시장성지분증권 :	
한국조선해양㈜	507,125
현대모비스㈜	236
에이치디씨㈜	8,239
에이치디씨현대산업개발㈜	40,791
현대종합상사㈜	25,320
현대코퍼레이션홀딩스㈜	12,286
쌍용자동차㈜	3
㈜한라	18,148
㈜동양	0.885
남광토건㈜	0.523
㈜웅진	1
동부건설㈜	21
㈜한라홀딩스	16,161
삼성물산㈜	2,347,313
STX중공업㈜	0.077
시장성지분증권 소계	2,975,647
비시장성지분증권 :	
㈜엔투비	2,285
주식회사 채널에이	2,540
현대미래로주식회사	8,908
현대엠파트너스㈜	12,470
ENARA BAHRAIN SPV W.L.L	1,067

전문건설공제조합	344
한국페인트잉크공업협동조합	11
기타	0.032
비시장성지분증권 소계	27,624
채무상품(복합금융상품)	
에이치엔핀코어㈜(구, ㈜현대페이)	3,000
채무상품(복합금융상품) 소계	3,000
합 계	3,006,271

4) 이익잉여금

[계정과목의 정의] 이익잉여금

자산	부채
	자본
	자본금
	자본잉여금
	자본조정
	기타포괄손익
	이익잉여금

항 목	정 의
이익잉여금	손익계산서에 보고된 손익과 다른 자본항목에서 이입된 금액의 합계액에서 주주에 대한 배당, 자본금으로의 전입 및 자본조정 항목의 상각 등으로 처분된 금액을 차감한 잔액

이익잉여금은 앞서 살펴보았듯이 당기순이익의 누적액으로 재무상태

표의 자본항목으로 분류된다. 영업활동의 성과인 이익은 궁극적으로 주주에게 귀속될 것이기 때문에 기말의 주주총회에서 배당을 결의하지 않아도 주주의 권리금액인 사실은 변하지 않는다. 따라서 회계에서는 주주가 배당받을 수 있는 금액을 따로 표시하여 이익잉여금으로 분류하고 있다.

주요항목	내 용
배당	영리회사가 투자자에게 영업활동의 결과로 발행한 이익을 배분

① 배당

매 결산기마다 회사는 연간의 영업성과를 보고하는 정기주주총회를 개최하고 배당의 여부를 결정한다. 배당은 상법에 따라 아래의 금액을 한도로 할 수 있으며 현금으로 지급하는 경우 해당 현금을 보유하고 있어야 한다.

보론 :: 배당의 한도(상법 제462조)

재무상태표상의 순자산액으로부터 ① 자본금의 액, ② 그 결산기까지 적립된 자본준비금과 이익준비금의 합계액, ③ 그 결산기에 적립하여야 할 이익준비금의 액, ④ 상법 시행령에서 정하는 미실현이익을 공제한 금액

주주총회에서 배당을 결의하면 즉시 현금을 지급하지 않고 우선 미지급배당금과 이익준비금을 인식한다. 이익준비금은 현금으로 배당하는 경우 상법의 규정에 따라 자본금의 1/2이 될 때까지 이익배당의 10% 이상을 적립하는 금액이다. 그리고 배당의 지급일이 되면 원천징수 금액을 제외한 나머지를 지급한다. 배당의 시점별 회계처리는 아래를 참고하자.

② 주요 회계처리

[이익잉여금 적립]

차 변		대 변	
당기순이익	1,000,000	미처분이익잉여금	1,000,000

[배당의 결의]

차 변		대 변	
미처분이익잉여금	110,000	미지급배당금	100,000
		이익준비금	10,000

[배당의 지급]

차 변		대 변	
미지급배당금	100,000	현금	100,000
(모두 개인주주 가정)		원천징수 예수금	10,000

[원천징수액 납부]

차 변		대 변	
원천징수 예수금	7,700	현금	7,700

[재무제표(수정 자본변동표) 공시사례] 이익잉여금 공시사례

[분석 포인트]

회사는 최근 몇 년간 당기순이익을 뛰어 넘는 배당한 것을 볼 수 있다. 일반적인 회사는 이렇게 적극적인 배당을 하는 경우가 많지 않고 주주에게 배당을 하지 않아 현금의 유출을 줄이고 투자를 하거나 미래의 유동성위기에 대비하는 편이 많다. 정부는 이러한 이익잉여금의 유보를 투자와 고용으로 유도하기 위해 투자 · 상생협력촉진세제나 각종 투자 · 고용 세액공제와 같은 당근과 채찍을 세법에 두고 있다.

과 목	자본금	기타불입항목	이익잉여금	총 계
2019.1.1	20,000	319,366	1,628,181	1,967,546
회계정책변경의 효과			-186	-186
주식기준보상거래의 인식		2,992	0	2,992
배당금지급			-439,000	-439,000
당기순이익			274,320	274,320
순확정급여채무의 재측정요소			2,240	2,240
2019.12.31	20,000	322,358	1,465,554	1,807,912
2020.1.1	20,000	322,358	1,465,554	1,807,912
주식기준보상거래의 인식		3,643	0	3,643
배당금지급			-400,000	-400,000
당기순이익			159,984	159,984
순확정급여채무의 재측정요소			1,216	1,216
2020.12.31	20,000	326,001	1,226,754	1,572,755

3. 손익계산서와 재무상태표의 관계

(1) 재무상태표와 손익계산서

손익계산서에서는 수익과 비용을 표시하고 수익에서 비용을 차감하고 남은 잔액을 당기순이익으로 표시하여 주주에게 귀속될 금액을 표시한다. 하지만 매해 발생한 이익을 주주에게 전액 배당하지 않는 경우 나중에라도 배당하기 위해 회사는 주주에게 지급할 권리금액을 기록해 둘 필요가 있다. 앞서 재무상태표에서 주주에게 귀속될 금액은 자본에 기록하는 것을 보았다. 현재 회계기준에서는 회사가 설립 이후 발생한 이익의 누적액 중 현재까지 배당을 하지 않고 남은 잔액, 즉, 주주가 미래에 배당을 요구할 수 있는 권리금액을 "이익잉여금"으로 표시하도록 하고 있다. 하지만 재무상태표에는 같은 금액의 현금이 없을 수도 있는

데, 회사의 이익은 시간이 지나면 현금으로 돌아오지만 회사는 사업의 수행을 위해 현금보다는 다른 사업용자산을 취득하거나 금융상품에 투자하는 것이 보통이기 때문이다.

즉, 회사가 한 해 동안 당기순이익을 100억원 남기는 경우 이에 대한 결과로 회사는 자산이 100억원 만큼 증가하겠지만 어떤 종류의 자산으로 증가할지는 알 수 없다. 단지 자산의 구성항목의 증감을 분석하여 사업활동의 결과로 인한 변동을 추정할 수 있을 뿐이다. 결국 재무상태표와 손익계산서는 회사의 재무현황와 영업성과를 보여주는 중요한 재무제표이지만 단순히 재무제표에 기재된 숫자만으로는 회사의 사업활동과 투자와 같은 정보에 대해 깊이 있게 이해하기 어렵다. 이로 인해 사람들은 공시된 재무제표를 가지고 회사에 대한 이해가능성을 높이고자 분석 항목들을 개발하고 그 의미를 찾아가고 있다. 아래에서는 일반적으로 알려진 재무제표의 분석 항목들을 배우고 실제 회사의 재무제표를 이용하여 결과의 의미를 이해하여 보도록 하자.

(2) 재무제표의 분석

재무제표의 분석이란 공시된 재무제표를 이용하여 회사의 재무현황에 대한 이해를 높이는 것을 말한다. 재무제표의 분석은 그 범위가 넓지만 일반적으로 이용하는 네가지 재무비율분석을 항목별로 살펴보도록 하자.

항 목	내 용
수익성	회사가 얼마나 이익을 많이 창출하는지를 나타내는 지표
안정성	단기부채를 상환할 능력이나 이자부담능력, 재무구조 등 재무적인 위험도를 나타내는 지표

항 목	내 용
활동성	회사의 자산이 수익창출활동에 얼마나 잘 활용되고 있는지를 나타내는 지표
성장성	회사가 얼마나 많이 커나가고 있는지를 나타내는 지표

재무비율분석은 재무상태표와 손익계산서를 이용하여 아래의 계산식에 따라 지표를 얻고 그 의미를 판단하는 순서로 이루어진다.

대항목	소항목	계산식	대항목	소항목	계산식
수익성	매출액 영업이익률	$\frac{영업이익}{매출액}$	활동성	재고자산 회전률	$\frac{매출원가 or 매출액}{평균재고자산}$
	자기자본 순이익률	$\frac{당기순이익}{자본총계}$		매출채권 회전률	$\frac{매출액}{평균매출채권}$
안정성	유동비율	$\frac{유동자산}{유동부채}$	안정성	부채비율	$\frac{부채총계}{자본총계}$
	당좌비율	$\frac{당좌자산}{유동부채}$		이자보상 비율	$\frac{영업이익}{이자비용}$
성장성	매출액증가율	$\frac{당기\ 매출액 - 전기\ 매출액}{전기\ 매출액}$			
	영업이익증가율	$\frac{당기\ 영업이익 - 전기\ 영업이익}{전기\ 영업이익}$			

성장성 비율은 기업의 올해 매출액이나 이익과 같은 성과 지표가 전년 대비 얼마나 증가했는지 백분율의 방식으로 표시한다. 아래 한 기업의 2개 연도 손익계산서를 보면 매출액이 전년 대비 약 64%가량 큰 폭으로 상승하여 매출총이익도 비슷한 비율(63%)로 성장한 것을 알 수 있다. 이 기업은 농산물 도・소매업 및 전자상거래 관련 유통사업을 수행하는 스타트업으로 인지도를 높여가면서 매출액은 급 성장하고 있지만 판매하는 제품의 원가율은 매년 일정하게 유지(74%)하여 매출액과 매출총이익이 비례하는 것을 확인할 수 있다. 하지만 판매비와 관리비가

매출총이익보다 높은 71%의 증가율을 보여 전년도의 영업손실의 규모가 당기에 확대된 것을 확인할 수 있다.

(단위 : 원)

과 목	2021년	2020년
매출액	1,557,955,218,618	950,862,144,980
매출원가	1,157,697,207,470	705,412,833,071
매출총이익	400,258,011,148	245,449,311,909
판매비와관리비	614,110,259,153	358,854,453,472
영업손실	−213,852,248,005	−113,405,141,563
금융수익	2,309,756,621	1,961,515,800
금융비용	1,063,290,168,868	101,413,174,496
영업외수익	476,655,442	322,536,774
영업외비용	2,273,863,121	477,892,581
법인세차감전순손실	−1,276,629,867,931	−213,012,156,066
법인세비용	−	−
당기순손실	−1,276,629,867,931	−213,012,156,066

회사의 판매비와관리비가 증가된 항목을 확인하기 위해 상세 내역을 금액 순으로 살펴보면 두 번째로 높은 항목인 급여가 전기 대비 3배 가까이 증가하였고, 증가 금액으로 비교해 보면 급여의 증가금액 약 1,078억원은 전체 판매비와관리비 증가액 2,552억원 대비 42%가량을 차지한다. 그 외에 급여와 함께 인건비로 분류되는 복리후생비, 퇴직급여 및 임직원에 대한 스톡옵션 부여로 인해 발생하는 주식기준보상비용까지 포함하면 인건비성 비용의 증가가 전체 판매관리비 증가의 약 50%가량을 차지하니 회사의 성과규모의 성장을 위해 신규 채용을 확대했다고 할 수 있다. 일반적으로 인건비 항목의 경우 고정비성 성격을 가지기 때문에 본격적으로 매출액 성장에 기여하기 시작한다면 현재는

손실 중인 영업이익의 전환에 도움을 줄 수 있을 것이다. 만약에 동 기업의 경영자가 영업이익의 수익 전환을 위해 필요한 매출액 수준을 예상하려면 회사가 지출한 비용을 고정비와 변동비로 구분할 필요가 있는데, 이는 원가분석 단원에서 살펴보도록 하자.

(단위 : 천원)

구 분	2021년	2020년	증가율
지급수수료	188,107,267	121,803,936	54%
급여	165,465,073	57,650,211	187%
포장비	67,828,597	78,907,847	-14%
광고선전비	43,002,794	29,292,560	47%
사용권자산상각비	33,366,709	22,406,409	49%
운반비	27,372,971	12,286,600	123%
세금과공과	18,978,347	12,467,264	52%
감가상각비	12,498,188	3,736,404	234%
복리후생비	11,511,626	2,966,002	288%
주식기준보상비용	10,977,007	4,420,198	148%
건물관리비	9,567,261	3,003,969	218%
퇴직급여	6,226,686	1,591,673	291%
소모품비	5,469,185	2,332,645	134%
보험료	4,842,454	1,379,628	251%
수도광열비	4,533,163	2,119,553	114%
기타			
합계	614,110,259	358,854,453	71%

수익성 비율을 통해서는 손익계산서의 단계별 손익을 계산하는 과정에서 각 중간단계의 이익과 비용과 매출액과의 비례관계를 알 수 있다. 예를 들어 아래 두 회사는 국내에서 과자제조업을 영위하는 회사로 매

출액의 규모로 업계 1,2위를 다투는 경쟁사이다. 먼저 각 회사의 수익성을 비교하기 위해 몇 가지 수익성 비율을 계산해 보았다.

구 분	2021	2020
매출액	1,546,374,038,702	1,531,184,844,985
매출원가	975,336,104,309	964,581,784,656
매출총이익	571,037,934,393	566,603,060,329
판매비와관리비	488,344,527,951	480,043,267,779
영업이익	82,693,406,442	86,559,792,550
기타수익	17,893,307,793	12,398,819,887
기타비용	57,836,252,683	41,276,519,041
금융수익	26,491,670,946	20,098,722,645
금융원가	24,025,626,253	27,734,861,355
법인세비용차감전순이익	45,216,506,245	50,045,954,686
법인세비용	14,857,504,927	13,518,097,992
당기순이익	30,359,001,318	36,527,856,694
매출원가율	63%	63%
매출총이익률	37%	37%
판매관리비율	32%	31%
영업이익률	5%	6%
당기순이익률	2%	2%

첫 번째 회사는 매출액과 영업비용, 영업이익 모두 큰 변화없이 안정적으로 유지되고 있으며, 영업외손익도 기타비용의 증가 외에는 별다른 변화가 있지는 않다. 이때 매출원가율과 영업이익률과 같은 기업의 성과지표는 절대적인 비율보다는 시계열적인 증감이나 동종기업과의 비교를 통해 의미를 찾아볼 수 있다.

두 번째 회사는 전년 대비 매출액과 매출총이익이 모두 성장했지만 영업이익은 감소하였는데, 매출액 대비 판매관리비의 비율은 유지했지만 매출원가율이 상승했기 때문에 매출총이익률과 영업이익률이 다소 감소한 것을 알 수 있다.

구 분	2021	2020
매출액	984,002,599,272	907,529,455,103
매출원가	742,236,476,856	670,867,388,447
매출총이익	241,766,122,416	236,662,066,656
판매비와관리비	210,513,021,837	194,296,986,376
영업이익	31,253,100,579	42,365,080,280
금융수익	8,081,662,741	8,227,538,789
금융비용	738,278,655	1,440,752,458
기타영업외수익	1,205,230,642	8,958,405,900
기타영업외비용	42,678,829,760	5,207,989,812
법인세비용차감전순이익(손실)	(2,877,114,453)	52,902,282,699
법인세비용	7,746,666,909	12,199,800,818
당기순이익(손실)	(10,623,781,362)	40,702,481,881
매출원가율	75%	74%
매출총이익률	25%	26%
판매관리비율	21%	21%
영업이익률	3%	5%
당기순이익률	-1%	4%

두 회사 모두 2020년도 기준으로 영업이익률은 5~6%가량의 유사한 규모를 보였지만 양사의 매출원가율과 판매관리비율은 큰 차이를 보이는데, 이러한 차이는 회사의 사업내용 중 아이스크림인 빙과와 과자제품인 건과의 원가율 차이와 매출비중의 차이, 매입 원재료의 매입채널에 따른 매입가 증감 차이, 제품의 판매단가나 판매 mix 차이 등 다양

한 원인으로 발생할 수 있다. 또한 이러한 차이를 매출원가와 판매관리비에 포함된 고정비와 변동비 구성 차이로도 해석해 볼 수 있는데, 이러한 원가와 관리회계를 통한 분석은 다음 단원에서 좀 더 자세히 살펴볼 것이다.

참고로 두 번째 회사는 2020년도에 마찬가지로 과자제조업을 영위하는 다른 경쟁사로부터 아이스크림 제조사업 부문을 물적분할 후 주식인수의 방식으로 인수하고 자회사의 형태로 운영 중이다. 자회사는 현재 당기순이익 기준 손실을 기록 중이지만 위의 손익계산서는 별도재무제표로 자회사의 손익을 반영하고 있지는 않다. 두 번째 회사는 이러한 인수 당시 영업에서의 시너지를 주요 인수 목적으로 공표하였는데, 일반적으로 동종 제조업 회사를 인수하는 경우 공통으로 매입하는 원재료에 대한 매입 물량의 증가로 협상력이 높아지고, 반제품의 공급을 통해 설비를 공유하는 방식의 거래로 원가를 낮추는 사례를 빈번하게 볼 수 있다. 따라서 회사의 높아진 원가율이 자회사화의 협업을 통해 낮아질 수 있을지 차차 살펴보면 좋을 것이다.

이와는 별개로 두 번째 회사는 기타영업외비용이 2021년도에 전년대비 큰 폭으로 증가하였고, 이로 인해 당기순이익이 결손으로 전환된 것을 확인할 수 있는데, 공시된 재무제표에서는 잡손실로 그 항목을 파악하기는 어렵지만 일시적인 비용에 해당한다면 이후에는 당기순이익이 정상화 될 것으로 예상된다.

활동성 분석은 기업의 재무상태표의 자산이나 부채 항목이 해당 항목과 긴밀한 관계를 갖는 손익계산서의 계정과목 간의 비율을 계산하여 의미를 찾는 분석방식이다. 예를 들어 매출채권은 일반적으로 매출액과 특별한 관계를 갖는데, 기업이 제품을 여신거래의 방식으로만 판매한다면 제품의 인도시에 손익계산서에 매출액이 기록되면서 동시에 재무상태표에는 매출채권이 발생하게 된다. 결국 매출액과 매출채권은 동시에 발생하고, 기업이 매출처에 제공한 여신기간이 지나면 매출채권이 사라지고 현금이 회수된다. 따라서 매출이 발생하는 만큼 매출채권은 지속적으로 발생과 (회수로 인한) 삭제가 반복된다. 결국 기업이 제공한 여신 기간에 따라 기말에 남게 되는 매출채권의 잔액이 결정되게 되는데, 이렇게 연간의 매출액의 규모와 기말에 남은 매출채권 잔액 간에 비율을 계산하면 매출채권 회전율과 평균적인 기업의 여신기간을 추정할 수 있게 된다.

구 분	산 식
매출채권 회전율	$\dfrac{\text{매출액}}{\text{평균매출채권[(기초+기말)÷2]}}$
재고자산 회전율	$\dfrac{\text{매출원가(매출액)}}{\text{평균재고자산[(기초+기말)÷2]}}$
매입채무 회전율	$\dfrac{\text{매출원가}}{\text{평균매입채무[(기초+기말)÷2]}}$

재고자산 회전율은 회사의 재고자산 수준 대비 매출원가 혹은 매출액의 배수를 계산하는데, 재고자산이 판매될 때마다 손익계산서에는 판매된 재고자산의 원가와 같은 매출원가가 기록된다. 따라서 연간의 매출원가의 금액을 연간의 평균 재고자산으로 나누어 계산한 배수는 해당 매출원가를 기록하기 위해 평균 재고자산 수준이 얼마나 자주 팔려나갔는지 횟수를 알려주게 된다. 같은 매출액 수준이라도 평균재고자산이 적다면 적은 수량만큼 더 자주 판매했다는 해석을 해볼 수 있게 된다.

새 출발 ○○○, 눈여겨 봐야 할 '재고자산 · 유통계약'

더벨 신상윤 기자 공개 2022. 10. 19.

▲▲▲ 대표가 오너십을 구축한 ○○○의 당면 과제는 무엇일까? 완구 유통이 주력인 ○○○은 인기 캐릭터 상품 확보에 흥망이 달려있다. 또한 적절한 재고 관리는 기업의 성쇠를 가름 짓는 요소 중 하나란 평가다. 그런 의미에서 ○○○의 재무제표 가운데 재고자산 항목에 주목해야 한다는 지적이 나온다.

17일 업계에 따르면 코스닥 상장사 ○○○은 올해 상반기 연결 기준 재고자산 규모가 228억원에 달한다. 연초와 비교하면 2.6% 줄었지만 상품손실충당금으로 53억원을 책정하면서 전체 규모도 감소했다는 지적이 나온다. 지난해 연간 덜어낸 상품손실충당금이 22억원 규모인 것을 고려하면 2배가 넘는 수준이다.

이는 ○○○이 가진 재고의 가치가 낮아졌다는 것으로도 해석된다. 즉, 시장에서 인기가 줄어든 상품들이 재고로 쌓이고 있다는 의미다. 이는 재고자산 회전율을 통해서도 관측된다. 올해 상반기 ○○○의 재고자산 회전율은 2.23회다. 2018년 5회가 넘었던 재고자산 회전율은 △2019년 3.46회, △2020년 3.76회, △2021년 2.91회를 기록하며 하락세를 보인다.

문제는 수익성과 직결된다는 점이다. 일례로 ○○○은 2016년 당시 주력인 □□□상품 취급을 늘렸으나 인기 감소로 재고가 400억원에 육박했다. 결국, 이듬해 대규모 할인 판매로 재고를 줄이긴 했지만 매출원가율 상승으로 120억원의 대규모 영업손실이란 성적표로 돌아왔다. 올해 상반기에도 손오공은 30억원의 영업손실을 기록했다.

이와 관련 ○○○은 당시와 비슷한 수준의 대규모 할인 행사를 이어가고 있다. 지난달에도 직영 물류창고에서 최대 99% 할인된 가격의 판매 행사를 벌이는 등 재고자산 줄이는 데 속도를 내고 있다. (이하 생략)

회사의 재고자산 회전율 수준이 점차 감소한다면 매년 같은 매출원가 수준에서 평균 재고자산이 증가하거나, 재고 수준이 유지되더라도 매출원가가 매년 감소한다고 예상해 볼 수 있다. 여기에 재고자산평가손실(손실충당금)의 증가와 할인 판매 내역, 매출원가율의 추세를 종합하여 회사의 영업 현황에 대한 분석을 수행한 것을 볼 수 있다.

회계에서 "유동" 혹은 "유동성"의 단어가 종종 사용되는데, 유동성이란 현금이 아닌 다른 종류의 자산으로 현금으로 전환시키기 위한 속도를 의미하는 개념이다. 예를 들어 회사가 여유자금을 투자할 때 1년 만기의 정기예금과 투자목적의 부동산을 선택할 수 있다면 부동산 대비 정기예금과 같은 유동성이 높은 자산의 투자로 회사는 전반적인 유동성이 높아지고 이를 통해 영업이 부진할 때 유동성의 위기를 대비하기 좋을 것이다. 물론 현금은 그 자체로 유동성이 가장 높은 자산에 해당한다. 이렇게 회사는 부채의 원리금 시기와 규모를 안정적으로 관리해나가기 위해 유동성을 계획적으로 관리할 필요가 있다.

유동성 분석은 회사의 단기, 장기의 유동성 수준을 파악하기 위해 수행하는 분석으로 기본적으로 부채 수준과 함께 현재 보유 중인 자산의 유동성과 현금의 규모, 현금을 창출해 나가는 영업능력을 종합적으로 고려할 필요가 있다.

앞서 재무상태표의 자산과 부채를 1년, 혹은 정상 영업주기에 따라 유동, 비유동으로 분류하는 것을 보았는데, 이를 통해 유동비율을 정의하여 계산해 볼 수 있다. 유동비율은 유동자산을 유동부채로 나눈 비율인데, 유동부채는 1년 안에 갚아야 할 부채이고 같은 기간에 현금으로 바뀔 것으로 예상되는 자산이 유동자산이니 이 유동비율은 클수록 1년 동안의 유동성이 높다고 표현할 수 있고, 반대라면 단기의 도산가능성이 존재한다고 생각해 볼 수 있다.

탄탄한 재무 실적, 양호한 유동성…투자여력 '충분'

더벨 이민우 기자 공개 2022. 12. 13.

(중략)

올해 3분기 보고서에 따르면, 연결기준 ○○○의 유동자산은 7,053억원, 유동부채는 4,681억원 규모다. 유동자산을 유동부채로 나눈 유동성 비율은 151%다. 통상 유동성 비율은 100%를 기준으로 이보다 높을 경우 적정 수준으로 안정적인 재무 상태를 보유한 것으로 판단한다. ○○○는 지난 최근 3개 사업연도 동안 2019년 133%, 2020년 133%, 2021년 136%로 유동성 비율을 꾸준히 높여왔다. 유동자산 중 가장 많은 세부항목인 매출채권의 정상채권 비중도 높다. 올해 3분기 말 ○○○의 매출채권은 2,869억원인데, 이중 정상채권 규모는 2,530억원으로 전체의 88%에 해당한다. ○○○의 매출채권 규모는 해마다 커지면서 2019년(892억원) 대비 3배 이상 늘었지만, 정상채권 비중은 같은 기간 74%에서 2020년 79%, 2021년 86%로 증가 중이다. ○○○의 수주 규모 확대가 안정적인 고객사 수요 확대 아래 이뤄졌다는 것으로 해석할 수 있다. 단기 재무 유동성을 가늠할 수 있는 현금성자산과 단기차입금도 양호하다. 올해 3분기 현금성자산은 1,526억원 수준으로 지난해 말 981억원보다 크게 늘었다. 최근 자금조달 시장의 불안정으로 기업들의 현금조달 문이 좁아진 점을 생각하면, 이는 중장기 현금 유동성에 있어 확실한 이점이다. 단기차입금 역시 1,558억원으로 부담스러운 규모가 아닌데다, 차입금의존도 역시 전체 자산 대비 19.7%에 불과해 안정적인 것으로 파악된다.

유동비율에서 유동자산에 포함된 재고의 효과를 제외하고자 유동자산에서 재고자산을 제외한 당좌자산을 넣어 계산한 당좌비율도 종종 사용되고 이 외에도 부채비율과 차입금의존도 등이 재무상태표를 통해 계산해 볼 수 있는 유동성 지표들에 해당한다.

손익계산서를 이용한 유동성 지표 중에는 이자보상비율이 있는데, 영업이익을 이자비용으로 나눈 배수로서 영업에서 남긴 이익인 영업이익이 손익계산서의 이자비용 대비 몇 배에 해당하는지를 보여준다. 이겠죠. 일반적으로 이자보상비율이 1(100%)일 때를 기준으로 이러한 기업을 한계기업이라고 부르는데 한계기업은 경제상황이 안좋아져서 영업이익이 조금이라도 줄거나 이자비용이 조금이라도 증가하게 되면 금방 이자보상비율이 1보다 낮아지게 되어 유동성에 문제가 발생하기 쉬운 상태라고 생각할 수 있다. 정부의 입장에서는 경제가 어려울 때 이런 한계기업이 한 번에 도산해서 경제에 큰 영향을 미치게 되는 것보다 단계적으로 구조조정이나 피인수되도록 유도해 나갈 필요가 있는데, 몇 년 전에 도입한 원샷법이라는 제도를 통해 여러 구조조정 절차를 간소화 함으로써 한계기업의 정상화를 도와 주는 특례제도를 도입하기도 했다.

이어서 한 회사의 재무제표를 이용하여 항목별로 재무비율분석을 수행하고 그 의미를 찾아보도록 하자.

[재무비율분석] 실습

1. 회사의 재무제표

〈재무상태표〉 (단위 : 백만원)

항 목	2020	2019
자 산		
유동자산	9,515,895	8,311,565
당좌자산	8,172,229	7,125,044
현금 및 현금성자산	1,586,258	1,181,725
매출채권	5,612,250	4,985,573
기타유동자산	973,721	957,746
재고자산	1,343,666	1,186,521
비유동자산	18,643,886	18,287,510
자산총계	28,159,781	26,599,075
부 채		
유동부채	11,475,924	10,543,126
매입채무	6,126,168	5,516,849
기타유동부채	5,349,756	5,026,277
비유동부채	7,139,000	7,290,497
부채총계	18,614,924	17,833,623
자 본		
자본금	904,169	904,169
주식발행초과금	3,088,179	3,088,179
이익잉여금	5,602,967	4,851,573
기타포괄손익누계액	(17,639)	(45,650)

기타자본구성요소	(32,819)	(32,819)
자본총계	9,544,857	8,765,452
부채와 자본총계	28,159,781	26,599,075

〈손익계산서〉 (단위 : 백만원)

항 목	2020	2019
매출액	31,966,513	28,743,246
매출원가	25,341,438	22,759,725
매출총이익	6,625,075	5,983,521
판매비와관리비	5,923,849	6,273,976
영업이익(손실)	701,226	(290,455)
금융수익	219,704	257,822
금융비용	474,542	431,272
이자비용	207,737	226,419
기타금융비용	266,805	204,853
기타영업외수익	1,264,641	1,620,050
기타영업외비용	938,536	1,330,365
법인세비용차감전순이익(손실)	772,493	(174,220)
법인세비용	14,447	102,267
당기순이익(손실)	758,046	(276,487)

2. 일반 분석 결과

분 류	항 목	2020	2019
수익성	매출액영업이익률	2.2%	−1.0%
안정성	당좌비율	71.2%	67.6%
	이자보상비율	337.6%	−128.3%
활동성	매출채권회전률	6.03(회)	5.4(회)
	매출채권회수기간	60.5(일)	67.2(일)
성장성	매출액증가율	11.2%	

(3) 주석의 이용

주석은 재무제표의 하나로서, 재무제표 본문의 정보에 추가하여 재무제표의 전반적인 이해를 위하여 필요한 양적 정보뿐만 아니라 질적 정보를 제공한다. 또한 재무상태표나 손익계산서의 계정과목별 금액구성, 자산에 대한 회사의 보유목적, 부채의 내역과 만기 및 이자율 등 숫자로 표시할 수 없는 중요한 내역을 기록하고 있다. 따라서 회사에 대한 이해를 높이기 위해 주석의 확인은 필수적이다. 아래 어느 회사의 주석 사례를 참고하도록 하자.

[주석 공시사례]

1. 일반사항

당사는 1994년 1월 12일 설립되어 축산물 무역 및 도소매업, 소스제조업, 음식업 등을 영위하고 있으며, 2013년 6월 30일에 ㈜ 푸드패밀리와 ㈜ 맛기신정을 합병하였습니다. 한편, 당기 말 현재 주주현황은 다음과 같습니다.

(주식단위 : 주)

주주명	주식수	지분율(%)	비 고
백대표	293,095	76.69	대표이사
강석원	87,606	22.92	전무이사
기타	1,500	0.39	
합계	382,201	100	

2. 중요한 회계처리방침의 요약

당사의 재무제표는 대한민국의 일반기업회계기준에 따라 작성되었으며, 그 중요한 회계처리 방침은 다음과 같습니다.

3. 지분법적용투자주식

1) 보고기간 종료일 현재 지분법적용투자주식의 세부내역은 다음과 같습니다.

〈 당기말 〉 (단위 : 천원)

회사명	지분율(%)	취득원가	순자산가액	장부금액
청도더본식품유한공사	100.00%	151,618	107,724	107,724
청도더본찬음관리유한공사	100.00%	580,830	553,341	553,341
THE BORN AMERICA INC.	100.00%	11,047	151,081	151,081
THE BORN JAPAN Co., Ltd.	100.00%	850,999	175,971	175,971
NOODLE J-1,INC	100.00%	888,170	247,316	247,316
청도더본음식문화유한공사	100.00%	2,751,996	2,455,296	2,455,296
회사명	지분율(%)	취득원가	순자산가액	장부금액
The Born Indonesia Co., Ltd.	35.00%	116,529	-79,213	-
㈜성림쓰리에이통상	100.00%	2,500,000	1,661,222	1,853,074
㈜푸드인큐	100.00%	100,000	-1,136,042	-
㈜제주더본	100.00%	6,400,000	4,393,973	4,393,973
합 계		14,351,189	8,530,669	9,937,776

4. 유형자산

당사의 유형자산의 장부금액 변동내용은 다음과 같습니다.

〈 당 기 〉 (단위 : 천원)

구 분	당기초	취득	폐기및처분	감가상각비	대체	당기말
토지	4,790,264	806,477	635,028	-	-	4,961,713
건물	19,681,260	1,378,869	-	517,129	-	20,543,000
기계장치	209,322	4,500	-	54,991	-	158,831
차량운반구	156,083	54,378	7,345	90,245	-	112,871
비품	343,438	1,796,245	64,153	858,851	-	1,216,679
시설장치	1,027,965	2,569,453	201,516	986,389	74,400	2,483,913
건설중자산	-	10,909	-	-	-	10,909
합계	26,208,332	6,620,831	908,042	2,507,605	74,400	29,487,916

5. 보유토지의 공시지가

보고기간 종료일 현재 당사가 보유하고 있는 토지의 공시지가는 다음과 같습니다.

(단위 : 천원)

구 분	면적(㎡)	당 기 말		전 기 말	
		장부금액	공시지가	장부금액	공시지가
서울특별시 용산구 문배동 24－8 (201－2호)	50.54	505,786	336,906	505,786	320,885
제주시 도두이동 1679	710.00	393,000	251,553	393,000	215,272
제주시 색달동 2138 외	10,210.00	3,246,134	2,156,352	3,090,185	220,443
제주시 서귀포 색달동 2156－3 외	2,700.33	816,793	570,310	801,293	98,136
합계	5,442.74	4,961,713	3,315,121	4,790,264	854,736

4. 재무제표 작성의 주요 이론

(1) [손익계산서] 수익인식시기

손익계산서에서 가장 상단에 위치하고 회사의 동종업종 내 시장점유율을 가늠해볼 수 있는 매출액은 그 금액의 크기도 중요하지만 같은 금액의 매출액일지라도 어느 시기의 매출로 기록하는지에 따라 회사의 연도별 영업성과가 크게 달라진다.

마스크팩 제조업을 경영하는 이현준씨는 본인 외의 투자자들에게 2021년도의 손익계산서를 만들어 보내고자 하였다. 이때 연말에 있던 거래를 손익계산서 안에 포함시켜야 하는지를 놓고 고민이 생겼다. 12월 30일에 인근 회사로부터 대량의 마스크팩을 주문받았는데 다음 날인 31일에 마스크팩을 배송하고 송금은 다음 날에 받기로 했다. 이 주문을 2021년도의 매출액에 포함해야할지 아니면 2022년도의 매출액으로 할지가 애매했다.

어느 연도의 매출인지는 매출의 가장 중요한 사건이 언제 발생하는지에 따라 달라질 것이다. 우리는 일반적으로 제품을 파는 거래에 있어서 제품이 이동 가능한 경우에, 나의 손을 떠나 상대방의 손에 건네줄 때 물건이 팔렸다고 생각한다. 이를 회계에서는 인도라고 한다. 판매의 대상인 제품의 인도를 가장 중요한 사건으로 생각하기 때문에 인도되었을 때 팔렸다고 생각하게 되는 것이다. 회계에서도 이를 인정하여 이동가능한 제품의 판매수익은 그 제품이 인도되는 시점에 인식하는 것으로 보고 있다. 즉 위의 경우에 제품의 주문과 인도가 2021년도에 발생했고 2022년도에는 대금의 회수가 발생했으므로 우리의 일반적인 인식으로 보나 회계기준에서나 제품의 인도가 발생하는 2021년도의 수익으로 인식해야 하는 것이다.

> 이현준씨는 흡수가 빠른 마스크팩을 연구하던 중 시트를 개량하여 흡수율이 비약적으로 상승한 마스크팩을 개발하였다. 이 기술로 해외매출을 시작한 이현준씨는 한 사업가로부터 시트 제조기술을 전용제조기계와 함께 전수해줄 것을 권유받았다. 그 사업가는 그 대가로 이현준씨에게 10억원을 지급하기로 하였다. 이현준씨는 전문적인 양산기술을 개발하기 어려웠기 때문에 이를 완성하기까지 총 2억원의 비용이 소요되고 3년의 기간이 걸릴 것으로 예상했다. 고민을 거듭한 끝에 사업가와 위와 같은 기계장치와 기술의 제공계약을 체결하고 계약금으로 1억원을 수령하였다. 10억원의 대가는 계약에 따라 일정한 milestone을 달성할 때 마다 3억원씩 나누어 받기로 하였다.

이현준씨의 사업은 큰 전환점을 맞고 있는데 기존의 사업과 다른 종류의 기술제공 사업을 추가로 수행하게 되었고 이에 따라 회사의 매출액을 인식하는 방식을 새롭게 고민하게 되었다. 시트제조기계의 공급사업은 기존의 마스크팩 제조업과는 다르게 제품을 인도하는 시기가 주문의 시기로부터 1년 이상이 걸린다. 또한 대가를 수령하는 방식도 별도로 거래당사자가 합의한 방법으로 하고 있다. 위와 같은 계약의 경우 시트제조기계의 제공으로 인한 매출액을 어느 연도의 매출액으로 기록해야 할까? 어떠한 활동이 이 매출에서 가장 중요한 사건이 될까?

시트제조기계의 공급사업의 거래계약을 살펴보면 이현준씨는 사업가가 주문한 스펙에 따라 기계장치를 만들어 제공하면 약정한 확정적인 수익을 얻을 수 있다. 즉, 일반적인 제품의 판매거래와는 다르게 제품의 인도와 대가 금액은 사전에 결정되어 있고 이현준씨는 시트제조기계를 주문한 스펙에 맞추어 생산하기만 하면 대금을 수령할 수 있게 된다. 이러한 거래에서는 인도는 생산에 따른 부수적인 활동일 뿐이고 매출의 인식에 생산이 더 중요한 사건이라고 볼 수 있다. 그렇기 때문에 이현준씨는 매년 생산하는 완성 정도에 따라 매출액을 나누어 인식하는 것이 좀 더 합리적일 것이다.

항 목	주 문	첫해 말	두 번째 해 말	인도하는 해
시기	2021.7.1.	2021.12.31.	2022.12.31.	2023.5.20.
완성도	-	20%	70%	100%
총 수익	10억원			
연도별 수익	-	2억원	5억원	3억원

연도별로 수익을 생산의 완성도에 맞추어 인식하게 되면 정보이용자들에게도 기존과는 다른 종류의 사업을 수행하기 시작했고, 그 대가금액이 총 10억원이며 매 연도에 달성한 완성도에 맞춘 매출 인식액에 대한 정보를 줄 수 있어 인도하는 해에 10억원 전액을 인식하는 것보다 더 유용한 정보를 주는 것이라고 볼 수 있다. 따라서 위와 같은 용역의 제공 계약에서 용역의 제공이 장기간 이어질 경우 인도기준이 아닌 완성도에 따른 진행기준에 따라 매출을 인식한다. 이렇게 수익의 종류와

특성에 따라 매출의 인식 연도를 구분하는 것을 '수익인식시기'라고 부른다. 수익인식시기를 결정함으로써 장기간에 걸친 매출거래의 중요한 사건을 판단하여 매출액의 인식 시점을 결정하고 이에 따라 정보이용자에게 유용한 정보를 제공하는 것이다.

(2) [손익계산서] 비용의 발생

사업을 수행하면서 수익활동에 따라 현금이 회사에 유입되기도 하지만 필연적으로 현금 유출의 사건도 발생한다. 회사는 그 자체로 사업을 수행할 수 없기 때문에 회사를 대신하여 사업활동을 실질적으로 수행할 임직원을 뽑아 급여를 지급해야 하고 그 임직원의 활동에는 급여 이외에도 복리후생비와 여비교통비와 같은 다양한 종류의 비용이 발생할 것이다. 또한 수익활동을 위해서 직접 소요되는 비용이 발생하기도 한다. 이렇게 현금의 지출을 수반하는 비용은 다양한 항목으로 발생하게 된다.

> 마스크팩 제조업을 창업하며 이현준씨는 예상하지 못한 현금 지출에 당황했다. 공장의 임차료와 생산직 근로자의 인건비, 노트북과 책상 같은 유형자산, 그 밖에 생산활동을 위해 필요한 부자재 지출액정도 발생할 것으로 예상했지만 포장설비의 잦은 고장으로 수리비가 지속적으로 발생했고 기계가 고장 날 때마다 원재료와 부자재의 낭비가 발생하였다. 또한 하루 종일 조명을 켜고 기계를 돌리자니 전기세도 예상의 범위를 넘어섰고 생산시 발생하는 폐기물을 처리하는 데에도 무시못할 비용이 발생하기 시작했다.

이처럼 비용의 종류는 다양하지만 회사 외부 정보이용자의 입장에서 발생하는 비용을 하나하나 나누어서 보고 싶어하지는 않을 것이다. 즉, 비용을 사업의 내용에 맞게 분류하거나 비용의 인식 시기를 정하여 쓸모 있는 정보로 가공하여 받기를 원할 것이다. 더 나아가 매출을 발생시키기 위해 꼭 필요했던 비용들, 예컨대 매출에 직접 대응되는 에센스,

시트, 생산직근로자의 인건비와 같은 비용을 그밖에 생산에 직접적인 관련이 없는 비용과 구분하여 보는 것이 향후 회사의 비용을 추정하는 데에 도움이 될거라고 생각할 수도 있다. 이를 근거로 회계기준에서는 연간 발생한 비용을 일정한 기준에 따라 분류하고 그 인식시기를 정하도록 하고 있다.

1) 비용의 종류

비용은 발생하는 종류가 매우 다양하다. 사람을 예로 들자면 대부분의 자연인의 소득원천은 근로나 사업, 양도소득과 같이 몇가지 되지 않지만 지출하는 비용은 규모와 종류 모두 사람에 따라 다양하게 발생한다. 하지만 비용의 발생은 이익을 감소시키기 때문에 투자자들은 회사가 얼마나 효율적으로 지출하였는지 궁금해 할 것이고 이를 손익계산서에 어떻게 분류하고 표시하는지에 따라 정보이용자에게 주는 유용성이 크게 차이가 날 수 있다. 먼저 비용의 분류방식을 생각해보자. 정보이용자의 입장에서 비용 중 영업활동과 관련된 비용과 그렇지 않는 비용을 구분할 수 있다면 이는 좀 더 유용한 정보가 된다. 영업활동과 관련된 비용(영업비용)은 앞으로 영업활동을 수행하며 비슷한 수준으로 발생할 것으로 예상할 수 있고 이러한 예상을 통하여 매출액의 변동에 따른 영업이익을 예상해 볼 수 있다. 이를 '예측가능성'이라고 한다. 즉, 영업비용은 영업외비용보다 예측가능성이 높다. 또한 영업비용은 동일한 영업을 수행하는 회사 간에 발생하는 종류가 비슷할 것으로 예상할 수 있으므로 같은 영업을 영위하고 매출액의 수준이 비슷한 두 회사가 있을 때 이 둘의 영업비용을 비교함으로써 어느 회사가 좀 더 효율적으로 영업을 수행하는지, 어떠한 영업전략을 수행하는지 가늠해 볼 수도 있다.

위와 같은 이유로 손익계산서에 표시하는 비용은 먼저 영업비용과 영업외비용으로 나누고, 매출액에서 영업비용을 차감하여 영업이익을 계산하고 있다. 영업외비용은 영업외수익과 함께 영업이익에서 가감되어 당기순이익을 계산한다.

손익계산서		
	매출액	주된 사업의 수익액
(−)	영업비용	주된 사업의 지출비용
	영업이익	
+	영업외수익	기타 사업의 수익액
(−)	영업외비용	기타 사업의 손실액
	당기순이익	
÷	주식수	
	주당이익	

영업비용은 일반적으로 매출원가와 판매관리비로 나누어 표시하는데 아래 한 회사의 손익계산서를 보고 그 구성을 살펴보도록 하자.

[손익계산서] 판매관리비 분석

1. 손익계산서와 판매관리비

(단위 : 백만원)

과 목	2017	
I. 매출액		511,497
유연탄상품매출액	474,182	
기타상품매출액	6,687	
임대수입	5,419	
판매대행수수료	25,208	
II. 매출원가		466,657
유연탄상품매출원가	458,922	
기타상품매출원가	5,678	
임대원가	2,057	
III. 매출총이익		44,840
IV. 판매비와관리비		29,659
V.영업이익		15,181
VI. 영업외수익		615,288
VII. 영업외비용		66,671
이자비용		
기부금	9	
지분법손실	1,109	
외환차손	12,489	
외화환산손실	46,821	
매도가능증권감액손실	6,160	
기타비유동자산처분손실	72	
잡손실	10	
VIII. 법인세비용차감전 순이익		563,799
IX. 법인세비용		49,688
X. 당기순이익		514,110

[판매비와관리비]	29,659
급여	10,878
퇴직급여	1,273
복리후생비	1,196
여비교통비	710
통신비	62
세금과공과	157
감가상각비	82
무형자산상각비	130
수선유지비	200
보험료	36
접대비	284
광고선전비	16
운반비	1,894
수수료비용	11,002
소모품비	52
차량유지비	57
교육훈련비	177
도서인쇄비	184
대손상각비(환입)	−212
회의비	107
임차료	69
사옥관리비	1,036
수출비	270
잡비	0

위 회사의 영업비용은 매출원가와 판매비와 관리비로 분류되고 판매비와 관리비는 우측에서 보듯 20여개가 넘는 항목으로 구성되고 있다. 위와 같은 판매관리비의 분류방식을 "비용의 기능별 분류"라고 부르는데 회계기준에서는 자세한 방법을 규정하고 있지는 않지만 일반적으로 위와 같은 정도로 분류하고 있다.

2) 수익비용대응원칙

이제 영업비용을 좀 더 자세히 살펴보자. 영업비용 가운데 매출이 발생하기 위해 꼭 필요한 비용들이 있을 수 있는데 예를 들어 제조업의 경우에 제품을 만드는데 소용되는 원재료비나 공장근로자의 인건비 등이 여기에 해당할 것이다. 회계기준에서는 매출액과 직접 대응되어 매출발생을 위해 꼭 필요한 비용을 "매출원가"라고 부르고 영업비용 중 매출원가에 해당하지 않는 비용을 "판매비와 관리비"항목으로 표시한다.

손익계산서

	매출액	주된 사업의 수익액
(−)	영업비용	주된 사업의 지출비용
	영업이익	
+	영업외수익	기타 사업의 수익액
(−)	영업외비용	기타 사업의 손실액
	당기순이익	
÷	주식수	
	주당이익	

일반적으로 매출원가는 매출의 발생시기보다 앞서서 현금이 지출된다. 제품의 판매거래에서 제품을 인도하기 위해선 완성된 제품이 있어야 하므로 이미 제품의 제조를 위해 원가는 지출된 상태이다. 예를 들어 공장에서 마스크팩을 제조하는 모습을 그려보자. 먼저 에센스와 시트를 사오면서 재료비가 지출된다. 그리고 시트에 에센스를 묻혀 포장할 기계장치를 사와야 하고, 생산 직원의 인건비가 지출될 것이다. 이렇게 마스크팩을 포장해 놓으면 완성된 제품이 되고 제품을 인도하면 매출이 발생한다. 이처럼 일반적으로 매출이 발생되기 이전에 매출을 일으키기 위해 꼭 필요한 원가가 먼저 지출된다.

위와 같이 매출액의 인식 이전에 지출되는 원가에 대해 회계기준에서는 원가와 매출액의 인식 시점을 맞추어 보여주고자 한다. 따라서 현금이 지출되는 시점에는 비용으로 인식하지 않고 매출액의 인식과 동시에 원가를 비용으로 인식해야 하는데 그러기 위해서는 현금의 지출 시점에 비용이 아닌 기록할 다른 계정과목이 필요하다. 이를 회계에서는 "재고자산"이라고 한다. 재고자산은 원가의 현금지출과 매출액의 인식 시점 사이에 원가 지출금액을 모아두는 계정에 해당하고 재무상태표에 자산으로 기록된다. 미래에 회사로 경제적 효익이 유입될 것으로 예상되는 현재의 권리가 있다면 이는 회계에서 자산으로 정의하고 있기 때문이다.

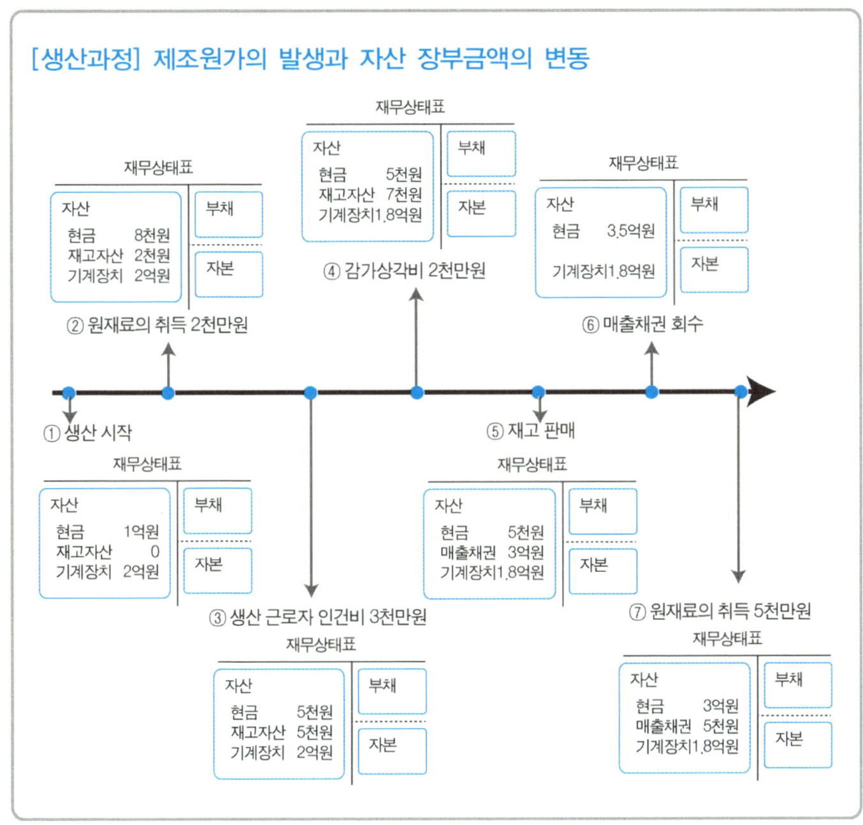

이렇듯 비용의 인식 시점을 관련된 수익과 일치시키는 회계처리 원칙을 수익・비용대응원칙이라고 한다. 수익・비용대응원칙은 매출원가와 판매비와 관리비 모두에 적용되는데 비용의 종류 별로 수익에 대응시키기 어려운 항목들은 현금의 지출시점에 비용으로 기록된다.

분 류		주요 정보
매출원가	매출 대응	매출액의 인식시기에 매출원가 인식
판매비와관리비	매출대응 불가	현금 지출 시기에 비용처리
		선급, 후급의 경우 기간에 맞추어 비용처리

3) 수익 전 발생 비용과 수익 후 발생 비용

앞서 매출원가의 경우 일반적으로 매출액의 발생 이전에 비용이 지출되는 것을 보았다. 그렇다면 수익과 관련된 비용 중에 수익이 발생한 후에 현금이 지출되는 비용에는 무엇이 있을까?

> 마스크팩 제조업을 영위하는 이현준씨는 마스크팩의 구매수량 중 약 2% 정도는 마스크팩의 품질문제로 반품이 들어오고 환불액을 지급하기 위해 추가적인 지출이 발생한다는 것을 알게 되었다. 그래서 생각했다. 반품가능기간이 1년으로 올해 발생한 매출로 인해 다음 해에 걸쳐 반품신청을 받게 되는데 반품을 위해 소요되는 현금지출은 결국 전년도에 발생한 매출로 인한 것이다. 그렇다면 올해 판매한 제품 중 향후에 반품될 수량을 미리 추정할 수 있다면 올해 매출이 발생할 때 이를 미리 비용처리 해두는 것이 수익·비용대응원칙을 적용한 회계처리가 될 것이다. 그리고 다음해부터 발생할 반품비용을 고려하지 않고 매출이 발생한 해에 이익을 모두 배당한다면 채권자들은 직접적인 원리금 상환에 영향을 받을 수도 있고 정보이용자들도 유용한 정보로 여기지 않을 것이라 생각했다. 그래서 이현준씨는 향후의 반품에 예상되는 비용을 매출이 발생한 해에 미리 비용으로 인식하였다.

제품을 판매한 이후 제품의 하자로 인한 반품을 받고 판매금액을 환불하기로 약정하였다면 판매자인 회사는 판매로 인한 매출액을 인식하고 그 이후에 반품으로 인한 손실을 지출하게 된다. 하지만 반품으로 인한 손실도 매출로 인해 발생하였다면 매출 이후에 반품으로 인한 실질적인 지출이 발생한다 하여도 매출이 기록되는 시점에 비용처리 하는 것이 합리적일 것이다. 그렇다면 얼마의 비용을 인식하여야 할까? 향후에 반품이 얼마나 들어올지는 알 수 없기 때문에 합리적으로 추정해야 한다. 합리적인 추정이란 어떤 방법을 말하는 것일까?

판매월	판매량	총판매수익	반품예상률
2021.10.	100개	2,000,000원	2%
2021.11.	150개	3,000,000원	
2021.12.	200개	4,000,000원	

고객에게 환불을 해주게 된다면 당초의 판매가격을 돌려주는 것을 의미한다. 위의 사례에서 판매단가는 2만원이기 때문에 예상되는 반품 수량에 2만원씩의 손실을 입게 될 것이다. 판매자는 과거의 판매량 대비 계산해보니 약 2%의 반품률을 합리적으로 계산할 수 있었고, 앞으로도 이와 유사한 반품률을 보일 것이라고 추정할 수 있다. 반품의 원인을 추적하여 원인을 개선하기 이전엔 말이다. 그렇다면 10월부터 3달간 총 판매량은 450개이고, 3달 동안은 반품이 없었다고 가정한다면 450개의 2%인 9개의 반품이 들어올 것으로 추정할 수 있다. 그렇다면 2021년도의 3개월의 판매에 따라 발생한 총 9백만원의 매출액에 대응되는 예상 반품손실은 18만원이 된다. 9개당 2만원의 판매수익을 돌려줘야 하기 때문이다. 따라서 18만원의 비용을 미리 인식하게 된다. 그렇다면 향후에 반품이 실제로 발생한다면 어떻게 될까? 18만원만큼의 비용을 미리 기록하였으므로 3개월 치의 판매에서 향후의 반품비용이 18만원을 넘지 않는다면 추가적인 비용은 기록하지 않는다. 그리고 비용을 인식하는 시점에서는 향후에 18만원만큼의 비용을 미리 인식하였다는 기록을 추가로 해야 할 것이다. 이를 회계기준에서는 충당부채라고 표시하며 충당부채의 회계처리는 앞서 살펴보았다. 이를 부채로 처리하는 이유는 미래에 회사에서 경제적 효익이 유출될 것으로 여겨지는 현재의 의무가 있다면 이는 회계에서 부채로 정의하고 있기 때문이다. 일반적인 회사에서 인식하는 충당부채(충당금)의 종류 이전 단원에서 확인하여보자.

(3) [재무상태표] 자산의 평가

재무상태표에서는 회사가 소유한 자산과 타인에게 갚을 돈이자 채권자의 권리금액인 부채, 그리고 주주의 권리금액인 자본이 기록되는 것을 보았다. 그렇다면 정보이용자별로 재무상태표를 어떤 관점으로 이용할지 간단하게 살펴보자. 정보이용자들 중 채권자에게는 자신이 회사에 빌려준 원리금을 회수할 수 있을지가 가장 중요한 정보일 것이다. 그렇다면 채권자의 입장에서는 자신을 포함한 다른 채권자의 권리를 합한 회사의 총 부채의 금액과 회사가 보유한 자산의 금액을 비교하여 채권의 회수가능성을 가늠하려 할 것이다. 그렇다면 회사의 재무상태표에 기록될 부채는 모든 부채가 빠짐없이 회사가 갚아야 할 총 금액으로 기록되어야 할 것이고, 회사의 자산은 자산을 팔아 현금화할 때의 가치가 좀 더 유용한 정보로 여겨질 것이다. 그렇다면 먼저 자산의 가치를 재무상태표에 얼마로 기록해야 할지 좀 더 살펴보자.

이현준씨가 사업을 시작할 때 필요한 자금은 자신과 같이 주주로서 투자한 두 명과 은행으로부터의 차입으로 조달하였다. 자신과 다른 한 명이 대표로서 사업을 수행하다 보니 남은 한 명의 투자자와 은행에서는 투자수익을 확인하는 명목으로 주기적으로 회사의 재무제표를 원했다. 재무제표에는 공장에 있는 자산의 총 규모와 채권자 권리금액, 주주의 권리금액도 같이 보여줄 수 있었는데 보유한 자산에는 기계장치과 책상, 의자, 그 밖의 사무기기들이 있었다. 자산의 리스트를 만들고 금액을 기록하려 하니 고민이 생겼다. 각 자산들을 취득했던 금액은 알고 있지만 그 금액을 그대로 적는 것을 투자자들이 원할 것 같지도 않았고, 그렇다고 지금 자산들을 중고로 되팔때의 금액을 적자니 대부분의 자산들은 취득가격의 절반도 회수하기 어려워 보였다. 현준이 보기에 자산을 이용하여 재고를 생산하고 판매하면 중고가격뿐만 아니라 당초에 취득했던 금액보다 더 높은 가치를 가질 것으로 생각이 들었기 때문이다. 그렇다면 이현준씨는 자산의 가치를 어떻게 기록해야 할까?

공장에서 사용 중인 자산의 리스트와 취득금액, 중고가격은 아래와 같다고 가정해보자. 정보이용자들은 어떤 종류의 가격을 보고 싶어 할까?

종 류	구입일	취득금액	사용 예상기간	예상 잔존가치	중고가격
기계장치	2021.1.1.	25,000만원	10년	0만원	12,000만원
트럭		5,000만원	5년	500만원	4,000만원
노트북		300만원	3년	30만원	250만원

1) 시가평가

은행과 같은 채권자는 회사가 매년 벌어들일 것으로 예상되는 현금흐름과 회사의 사업이 원활하지 않을 경우 원리금의 회수를 위해 자산을 모두 판매하고 현금으로 회수했을 때의 가치를 좀 더 유용하게 이용할 수 있다. 이때 자산의 예상 매각가치를 '시가'라고 부르며 회계기준에서는 시가를 합리적인 판단을 하는 제3자 간의 거래금액으로 정의하고 있다.

[자산의 가치와 재무상태표] 시가평가

사업 시작

자산		부채
기계장치	25,000만원	10,000만원
트럭	5,000만원	
노트북	300만원	자본
기타자산	14,700만원	35,000만원
	45,000만원	45,000만원

감가평가 이후

자산		부채
기계장치	22,000만원	10,000만원
트럭	4,000만원	
노트북	250만원	자본
기타자산	14,700만원	20,950만원
	30,950만원	30,950만원

자산을 시가의 금액으로 기록하여 재무상태표를 다시 그려보면 자산

의 가치가 줄어들고, 자산의 합계가 부채와 자본의 합계와 같음을 상기해보면 자산의 가치가 감소된 만큼 부채와 자본의 권리금액 합계도 감소해야한다. 부채와 자본 중 즉, 채권자와 주주의 권리금액 중 누구의 금액을 감소시켜야 할까? 채권자의 경우 일정금액을 회사에 빌려주고 원금과 이자를 받기로 계약한 사람이다. 그리고 주주는 사업을 하기 위해 모여 회사를 설립하고 사업의 실질적인 주인으로서의 권리를 가지고 있는 사람이다. 당연히 사업에서 발생하는 손실은 주주의 몫이다. 사업에서 생기는 이익이 모두 주주의 것인 것과 마찬가지 논리이다. 그러므로 자산의 가치가 감소되면서 같은 금액의 자본이 감소되어야 한다. 회계기준에서는 자산의 가치를 시가로 평가할 수도 있고 아니면 취득금액으로 기록할 수도 있는데 이를 회사의 선택으로 남겨두고 있다. 그리고 만약 자산의 가치를 시가로 평가하는 경우 이러한 자산 가치의 감소는 비용으로 손익계산서에 기록하고 이익을 줄이도록 한다. 따라서 당기순이익의 누적액인 이익잉여금이 감소되어 결과적으로 자본의 금액이 감소된다. 이러한 재무제표는 회사가 청산의 절차를 이행할 때 채권자로 하여금 얼마를 회수할 수 있을지 판단할 수 있는 중요한 정보가 될 것이다. 따라서 자산의 시가평가는 채권자에게 좀 더 유용한 정보를 줄 수 있을 것이다.

2) 취득금액과 감가상각비

(주식)투자자는 사업을 하기 위해 회사를 설립한 사업자들이다. 그렇다면 투자자들에게 회사와 사업은 앞으로 계속되어야 하고 사업에서 이익을 남겨 본인들에게 배당을 해야 한다. 즉, 투자자에게 회사는 앞으로도 계속되는 "계속기업"의 성격을 가지고 있다. 회사의 사업을 중단하거나 폐지하는 일은 고려하지 않는 것이다. 따라서 사업을 하기 위해 소유하는 자산을 판매하는 가치에는 관심이 없다. 단지 그러한 자산을 이용

하여 사업을 계속해 나가는데 관심이 있는 것이다. 그렇다면 투자자들에겐 자산의 취득금액만이 유용한 정보일까?

> 이현준씨는 사업을 위해 기계장치를 25,000만원에 취득하였다. 이 기계장치의 매뉴얼을 읽던 중 약 10년을 사용하면 수명을 다한다는 문구를 보았다. 그리고 기계장치를 구입하여 사용하지 3개월이 지났다. 만약에 자산의 가치가 수명에 따라 비례하여 감소된다고 가정하면 기계장치의 가치는 약 625만원이 감소된 것으로 볼 수 있다. 그렇다면 이현준씨는 기계장치의 가치를 25,000만원으로 기록할까 아니면 625만원을 차감한 24,375만원으로 기록할까?

회사는 자산을 취득할 때 현금의 지출이 발생한다. 그리고 대부분의 자산은 일정한 수명을 사용하고 나면 가치가 소멸하게 된다. 그렇다면 회사는 이러한 자산의 취득금액, 다시 말해 자산을 취득할 때 지출한 현금의 지출액을 비용으로 기록해야 하지 않을까? 만약 그렇게 생각한다면 자산을 취득할 때의 금액을 어느 해의 비용으로 기록해야 할까?

어느 시점에 자산의 취득금액을 비용으로 기록할지는 자산을 사용하면서 가장 중요한 사건이 무엇인지를 고려하여 판단할 수 있을 것이다. 그렇다면 위와 같은 자산의 취득 이후의 사건 중 어떠한 사건이 가장 중요한 사건일까? 자산을 취득하게 된 이유는 그 자산을 사업에 사용하기 위해서다. 회사는 자산을 사업에 사용하면서 사업에서 수익이 발생하기 때문에 수익비용대응의 관점에서 본다면 자산을 사용하는 과정에서 가치가 감소되는 사건이 자산 본연의 취득목적에 부합하는 가장 중요한 사건일 것이다. 따라서 자산을 사용하는 기간에 맞추어 자산의 취득금액을 비용으로 기록해야 할 것이다. 이때 위의 사례에서 기계장치는 25,000만원에 취득하였고 이를 10년간 사용할 것으로 예상하였기 때문에 매년 2,500만원씩 비용으로 기록하고 비용으로 기록된 금액만큼은 자산의 가치를 줄이는 기록을 하게 된다. 이때 손익계산서에는 사용 기간에 따라 자산의 가치가 감소된 만큼 비용으로 기록되고 이만큼 이익을 줄여 자본의 권리금액을 줄이게 된다. 마찬가지로 재무상태표에서는 기계장치의 가치가 매년 감소되고 그만큼 자산의 가치가 감소된다. 결국 재무상태표의 자산과 자본이 동시에 감소되고 손익계산서의 이익을 줄이게 된다.

[자산의 가치와 재무상태표] 감가상각

사업 시작			감가상가 이후		
자산		부채	자산		부채
기계장치	25,000만원	10,000만원	기계장치	22,500만원	10,000만원
트럭	5,000만원		트럭	5,000만원	
노트북	300만원	자본	노트북	300만원	자본
기타자산	14,700만원	35,000만원	기타자산	14,700만원	32,500만원
	45,000만원	45,000만원		45,000만원	42,500만원

(*) 기계장치 외의 자산은 별도로 감가상각을 표시하지 않음.

이렇게 사업을 수행하는 경영자와 사업에 투자하여 이익을 배분받는 주주에게는 자산이 수익을 일으키기 위해 사용되기 때문에 자산이 얼마만큼 사용되었고 얼마나 더 사용될 수 있을지 예상할 수 있도록 재무상태표에 기록되길 원할 것이다. 따라서 주주와 경영자는 앞서 배운 감가상각의 회계처리를 선호하게 될 것이다.

그렇다면 주주의 관점과 채권자의 관점을 비교할 때 재무상태표와 손익계산서의 기록은 어떤 차이가 있을까? 둘 다 자산의 가치가 감소되고 그 금액만큼 손익계산서의 비용으로 기록되어 결국 주주의 권리금액인 자본의 가치가 감소되는 과정은 같다. 하지만 채권자가 원할 수 있는 자산의 시가는 당장 자산을 팔아 현금화할 때의 가치라면 주주가 생각하는 자산의 가치는 자산의 취득금액을 사용할 수 있는 기간에 맞추어 감액한 가치이다. 즉, 자산의 처분에 초점을 맞추는지 아니면 자산의 사용에 초점을 맞추는지에 따라 자산의 가치 감소분이 기록되는 금액과 기간이 달라지는 것이다. 앞서 살펴본 것처럼 회계기준에서는 유형자산과 무형자산을 사용할 수 있는 기간에 나누어 상각을 하고 그만큼 표시된 자산의 금액을 낮추고 있다. 자산은 일반적으로 시간이 흐르고 사용함에 따라 가치가 감소하게 된다. 이를 재무상태표와 손익계산서에 표시하는 방식은 서로 다르지만 서로의 논리에 따라 기록하는 방식을 발전시켜나가고 있다는 것을 회계기준에서 알 수 있을 것이다.

3) 회계기준의 자산가치

회계기준에서는 자산의 표시방법을 자산의 종류에 따라 다르게 적용한다. 이 중에 유형자산의 표시 방식은 아래와 같이 설명할 수 있다.

분 류		설 명
원칙	상각후 원가	자산의 취득금액에서 상각누계액을 제외하고 남은 금액을 표시
선택가능	자산재평가	일정 기간마다 자산을 시가로 평가함.

자산의 재평가는 이러한 회계처리를 수행하는 회사가 제한적이기 때문에 별도로 서술하지 않지만, 회계기준에서는 회사가 선택하는 경우에 회사가 보유한 자산을 일정 기간마다 평가할 수 있는 길을 열어두고 있다.

(4) [재무상태표] 부채의 완전성

이제 재무상태표의 부채에 대해 살펴보자. 은행을 포함한 채권자들은 회사가 소유한 자산에 대해 원금과 이자의 합계금액까지는 주주의 권리에 앞서서 보장받을 수 있다. 따라서 채권자의 입장에서 재무상태표의 자산의 총액과 부채의 총액이 중요한 정보이다. 주주의 입장에서도 회사가 벌어들인 이익의 금액을 모두 배당받기 위해선 그보다 큰 금액의 현금이 자산에 있어야 한다. 재무상태표의 자본 중 이익잉여금의 잔액은 주주에게 귀속되어 배당받을 수 있지만 그것도 회사가 현금을 가지고 있을 때나 가능하다. 일반적으로 회사는 현금을 보유하기 보다는 단기간 금융상품에 투자하거나 사업에 재투자하여 수익을 내고자 할 것이기 때문에 현금을 많이 보유하지는 않는다. 그렇다면 주주에게는 회사가 벌어들이는 이익의 크기를 손익계산서의 당기순이익과 자본의 이익잉여금에서 확인하는 것 외에 회사의 자산의 구성이 어떻게 되어 있는지, 그리고 채권자에게 갚아야 할 원금과 이자의 금액이 얼마인지 재무상태표에서 확인하고 싶어할 것이다. 그렇다면 채권자에게나 주주에게 모두 재무상태표의 부채는 회사가 의무를 지고 있는 금액이 모두 온전히 기록되어야 정보이용자들에게 유용한 정보를 제공할 것이다.

만약 회사가 현금이 없지만 대표이사에게 돈을 빌려주기 위해 주주 몰래 차입하였다면, 회사의 재무상태표에는 이런 차입금을 표시하지 않고 마찬가지로 대표이사에 대한 대여금도 자산에 기록하지 않을 것이다. 이러한 금액이 있다면 주주와 채권자는 실제보다 더 적은 금액의 부채만을 확인할 수 밖에 없게 되고 이로서 향후의 회사 재무상황에 대해 낙관적인 예상을 할 수 있다. 또한 잠재적인 투자자들도 잘못된 재무정보를 제공하게 되어 투자 실패를 부를 수 있다. 따라서 부채의 금액은 전액이 포함되어야 한다. 이를 회계에서는 부채의 완전성이라고 한다.

(5) [재무상태표] 자본의 규모와 주식의 가치

재무상태표의 자본은 주주의 권리임을 앞서 설명했다. 하지만 주주는 채권자보다 후순위의 권리자로서 회사가 청산의 절차를 통해 소멸할 때 회사가 소유한 자산으로 채권자의 권리금액인 부채를 모두 갚고 남은 금액을 배분받을 권리가 있다. 즉, 주주의 입장에서 자본의 가치는 결국 회사가 소유한 자산의 가치에서 부채의 가치를 차감하고 남은 잔여재산의 가치이다. 회계기준에서도 자본을 기업의 자산에서 모든 부채를 차감한 후의 잔여지분으로 정의하고 있다. 따라서 자본의 가치에 대해 별도의 평가기준이 없다. 자산과 부채만 제대로 산정한다면 자본은 자연스럽게 남은 가치가 되기 때문이다. 그렇다면 주주의 권리는 그것뿐일까? 그렇지 않다. 우리는 이번 장에서 재무상태표의 자본의 권리자임을 표창하는 증권인 주식의 가치에 대해 알아보아 주주와 자본의 가치에 대해 살펴보고자 한다.

앞서 주식은 회사의 주인임을 나타내며 투자자가 회사에 자본을 투자한 금액에 비례하여 발행하여 준다고 하였다. 그리고 그 주식은 시장에서 자유롭게 거래되도록 하여 투자자가 쉽게 투자자금을 회수하고 잠재적인 투자자에게도 쉽게 회사의 주주가 될 수 있도록 길을 열어주었다. 이때 주식시장에서 자유롭게 거래되는 주식의 거래금액은 시장참여자가 결정한다. 팔고자 하는 사람의 최저가와 사고자하는 사람의 최고가가 맞닿는 곳에서 거래가 되는 방식이다. 그렇다면 사람들은 주식의 가치를 어떻게 알고 거래하는 것일까? 주식의 가치를 평가하는 방법은 주식시장에 참여하는 사람들마다 있을 수 있지만 경영학의 재무관리에서는 몇 가지 평가의 방법론을 제시하고 있다. 그 중 가장 기본적인 방법을 간단히 소개하고자 한다.

주식의 가치는 결국 주주의 회사에 대한 권리를 금액으로 표시한 것에 불과하다. 앞서 주주는 회사의 이익을 지분률에 비례하여 배분받을 권리가 있고, 회사가 설립 이후에 벌어들인 이익으로써 주주에게 배당하고 남은 나머지가 재무상태표의 이익잉여금에 누적되어 있다고 하였다. 그렇다면 회사의 이익잉여금을 주식수로 나누면 회사가 과거에 누적한 이익의 잔액을 주식 1주당 금액으로 구할 수 있다. 이 금액은 회사가 현금이 충분하다는 가정 하에 지금까지 배당하지 않고 남은 이익의 잔액을 모두 배당한다면 한 주당 배분받을 금액을 말한다. 이 금액은 주식가격의 최저한이라고 할 수 있다.

하지만 투자자는 회사가 앞으로 계속적으로 사업을 수행할 것으로 생각하고 회사가 벌어들일 이익의 잔액도 지금 단계에서는 충분히 예상되므로 그러한 가치도 현재의 주식 가격에 포함되어 있을 것이다. 물론 투자자별로 회사의 향후 사업전망을 좋게 볼 수도 안 좋게 볼 수도 있다. 낙관적인 전망을 하는 사람은 그만큼 앞으로 배분받을 이익의 가치를 높게 보아 주식의 가치를 높게 볼 것이고, 반대의 사람은 주식의 가치를 낮게 볼 것이다. 모든 사람이 저마다의 주식의 가치를 보는 눈이 있기 때문에 시장에서는 활발하게 주식이 거래될 수 있는 것이다. 모두가 낙관적인 전망만을 한다면 아무도 주식을 팔지 않고 거래는 끊길 것이다.

따라서 주식의 가치는 재무상태표에 쌓여있는 이익잉여금을 통해 과거에 배분받을 수 있었지만 받지 않은 상태인 회사의 과거 이익의 가치와 향후 회사가 벌어들일 것으로 예상되는 이익을 지분율에 따라 배분받을 것으로 예상되는 미래 이익의 가치의 합으로 계산할 수 있다. 이렇게 배당의 권리를 기초로 평가하는 방식이 '배당성장률'모형이다. 이 모형은 미래에 발생하는 배당 예상금액을 현재가치로 변환하여야 하는데 이렇게 현재가치를 이용한 평가방식에는 'DCF(현금흐름 할인) 모델'이 보편적으로 이용된다.

위의 평가방법과 함께 최근에는 잔여이익법(RIM)에 대한 연구가 계속되고 있다. 이 밖에도 세법에서 과세를 목적으로 주식의 평가방법을 기술하고 있는데 이를 '상속세 및 증여세법에 따른 비상장주식가치평가'법이라고 한다. 이처럼 주식의 가치를 평가하는 다양한 이론이 있어 평가의 목적과 기업의 특성에 따라 적절한 평가방법을 적용할 수 있다. 다음 단원에서는 지금까지의 회계 지식을 바탕으로 기업분석을 수행하기 위한 이론 학습과 실습을 수행해 보도록 하자.

(6) 연결재무제표

한 기업이 다양한 종류의 사업을 수행하려 할 때 각 사업을 하나의 기업 내에서 사업부 분리를 통해 수행하거나 별도의 기업을 설립하여 사업을 수행하는 등 사업 간 시너지와 효율을 고려하여 원활한 성과를 낼 수 있도록 적합한 지배구조를 찾을 필요가 있다. 여기에는 드러나지는 않지만 기업 내부의 의사결정 정책, 임직원의 성과보상제도나 기업 승계의 계획 등 기업의 환경적인 측면도 영향을 미칠 수 있다.

실제로 기업이 기존에 수행하던 사업의 업종과 다른 종류의 사업을 수행하는 다양한 지배구조 방식은 쉽게 찾아볼 수 있다. 예를 들어 국내 전자제품 도·소매업 시장에는 오프라인 매장을 주요 판매채널로 영업을 수행하는 아래의 기업들이 있다.

회 사 명	브랜드	설 명
롯데하이마트	하이마트	시장점유율 1위
삼성전자판매	디지털프라자	삼성전자 주식회사의 100% 자회사
하이프라자	베스트샵	LG전자 주식회사의 100% 자회사
에스와이에스리테일	전자랜드	전국 140개 지점 보유

4개 기업 중 국내 전자제품의 주요 제조사가 전자제폼 도·소매업을 영위하는 자회사를 설립하여 운영하는 것을 볼 수 있는데, 이처럼 제조업을 영위하는 회사가 판매를 목적으로 하는 별도의 회사를 설립하는 경우를 종종 볼 수 있다.

이러한 지배구조에 대해 투자자는 투자하려는 기업의 미래 손익을 추정하거나 실질적인 유동성을 파악하기 위해 단일기업으로 존재할 때와는 다르게 자회사 및 모회사를 포함한, 경제적인 실체 전체 기업을 분석대상으로 포함할 필요가 있다. 각 회사가 하나의 Value Chain으로 묶여 소비자에게 전자제품을 공급하는 사업 내 각 부문을 담당하고 있기 때문에 사업내용을 파악하는 데에 개별기업의 사업내용만으로는 부족하기도 하고, 각 회사에 대한 모회사의 지분율이나 지배구조가 자회사의 사업내용을 직접 결정할 수 있을 만한 힘이 있기 때문에 결국 하나의 사업 계획에 따라 영업을 수행할 것이기 때문이다. 따라서 회계에서는 이렇게 자회사에 대한 영업의사결정을 수행할 수 있을 정도로 충분한 지배력을 보유한 경우에 정보이용자에게 제공하는 재무재표를 각각의 기업마다 별도로 작성하기 보다 마치 하나의 회사인 것처럼 하나로 합하여 표시하는 것이 법적인 실체를 초월한 하나의 경제적 실체를 잘 표현할 수 있을 것으로 생각하였다. 이러한 이유로 한국채택국제회계기준(K-IFRS)에서는 자회사에 대한 지배력을 보유한 회사의 재무제표를 작성할 때 해당 자회사에 대한 재무제표를 하나로 합한 "연결재무제표"를 작성하게 한다.

(7) 현금흐름표

손익계산서를 통해 발생주의와 수익·비용 대응원칙을 통해 사업의 성과를 좀 더 합리적으로 살펴볼 수 있었고, 이를 통해 미래 손익 추정에 유용한 형태로 예측가치가 높은 성과를 확인할 수 있었다. 하지만 이러한 손익계산서는 현금주의 손익과 차이가 발생함에 따라 손익계산서의 이익이 실제 회사가 사업에서 벌어들인 현금흐름을 나타내지 못하게 되는 단점이 있다. 또한 기업의 유동성에 대한 판단은 손익보다 현금흐름을 통해 실질적으로 수행될 수 있기 때문에 손익에 대한 지표 외에 회사의 일정 기간에 벌어들인 현금흐름에 대한 정보가 필요하게 된다.

(단위: 원)

구 분	2021	2020
영업활동으로 인한 현금흐름	43,463,689,777	31,113,310,610
투자활동으로 인한 현금흐름	(183,559,288,970)	(52,580,716,774)
종속및관계기업주식의 취득	(176,851,363,656)	(58,805,377,095)
재무활동으로 인한 현금흐름	1,139,747,655,350	58,837,038,495
단기차입금의 증가	7,000,000,000	18,936,000,000
장기차입금의증가	11,000,000,000	48,000,000,000
유상증자	1,190,090,307,007	5,203,112,156
현금의 증가(감소)	999,652,056,157	37,369,632,331
기초현금및현금성자산	80,313,195,864	42,846,676,827
현금및현금성자산의 환율변동효과	(4,542,580,251)	96,886,706
기말현금및현금성자산	1,075,422,671,770	80,313,195,864

회계에서는 회계기간 동안 회사로 유입되거나 회사로부터 유출되는 현금흐름을 표시하는 재무제표로 “현금흐름표”를 작성한다. 여기에는 기업의 3가지 활동으로 나누어 기업의 본업 활동인 영업에서의 현금흐름과 기업이 다른 자산을 구입하는 활동인 투자활동, 마지막으로 기업이 자금을 조달하는 재무활동으로 표시하는데 이는 각각 영업활동 현금

흐름, 투자활동 현금흐름, 그리고 재무활동 현금흐름으로 구분된다.

상기 회사의 현금흐름표에서 먼저 영업활동 현금흐름으로 2021년도에 434억원, 전년에는 311억원 가량을 기록하여 약 30% 정도 증가한 것을 확인할 수 있다. 이때 투자활동으로서 전년도에 525억원을, 2021년도에는 1,835억원으로 전년 대비 3배를 넘는 금액을 지출한 것을 확인할 수 있다. 세부 항목으로 "종속기업 및 관계기업 투자주식의 취득"에 1,700억원 넘는 현금을 지출했는데, 이는 다른 회사의 주식을 취득할 때 지분율과 같은 지표로 결정되는 자회사에 대한 지배력 수준에 따라 계정과목의 명칭을 다르게 정한 것이다. 지배력을 판단하는 지표는 다양할 수 있지만 지분율만으로 결정된다고 가정한다면 지분율이 20% 이상일 경우 "관계기업 투자주식", 50% 이상일 경우 "종속기업 투자주식"의 계정과목을 사용한다. 따라서 이러한 주식에 투자를 통해 회사는 다른 기업의 경영권을 인수하기 위해 적극적으로 지출액을 늘려오고 있다는 걸 알 수 있다. 사실 이 회사는 공공연하게 다른 기업의 인수를 통해 필요한 사업모델을 붙여나가는 볼트온 전략을 수행하고 있으며, 이를 현금흐름표의 투자활동으로 확인할 수 있는 것이다. 하지만 2020년도와 2021년도에 투자활동 지출액을 영업활동 현금흐름으로 충당할 수 없기 때문에 회사는 계속적으로 필요한 자금을 조달해야만 하고, 이러한 활동이 재무활동 현금흐름에서 2020년도 580억원 정도의 단기차입과 2021년도 1조원을 넘는 유상증자를 통해 조달한 것을 확인할 수 있다.

이렇게 현금흐름표를 통해 정보이용자들은 현금흐름표의 활동별 현금흐름을 분석해서 기업의 사업활동을 파악해보려 하고, 이를 간단히 부호화하여 만든 가이드를 아래에 참고로 제시하였으니 회사의 현금흐름표 현황과 비교하여 회사의 사업현황을 파악하는데 참고해 보기 바란다.

순번	영업	투자	재무	해 설
1	+	+	+	영업활동과 자산매각, 투자유치를 통해 대규모 현금을 확보하고 있으며, 향후 대규모 현금이 지출되는 투자를 계획 중임
2	+	+	−	영업활동과 자산 매각을 통해 확보한 현금으로 차입금을 상환하는 등 투자금액을 회수하는 중임
3	+	−	+	영업활동과 투자유치를 통해 적극적인 투자활동을 수행하는 중임
4	+	−	−	투자활동과 투자 상환을 위한 현금흐름을 영업에서 모두 벌여들이고 있음
5	−	+	+	영업활동에서 부족한 현금을 자산매각과 투자유치를 통해 조달하고 있음
6	−	−	+	영업활동에서 부족한 현금과 투자활동을 위한 현금을 투자유치를 통해 조달 중
7	−	+	−	자산매각을 통해 조달한 자금으로 영업활동에서 부족한 자금을 조달하고 투자자에 대한 투자금 회수를 위해 지출
8	−	−	−	투자활동을 수행하지만 현재 영업에서는 현금이 부족하고 투자자에 대한 투자금 회수 중

(8) 원가와 관리회계

1) 관리회계의 개요

반려동물용 식품을 생산하는 회사에서 반려동물이 마실 수 있도록 특수하게 제작된 우유와 이 우유를 추가 가공해서 생산한 반려동물용 젤리를 판매하고 있다. 두 제품은 생산과 판매 과정에서 특징이 있는데 생산과정에서 우유의 경우 방부제를 첨가하지 않아 유통기한이 짧다보니 잔여 유통기한이 줄어들 수록 판매금액도 낮추고 기한이 지나면 판매할 수가 없어진다. 그래서 개발된 것이 젤리인데 우유에 비해 유통기한이 훨씬 길기 때문에 우유보다 가공비가 더 들어가지만 오래 판매할 수 있게 된다. 판매 과정에서 우유는 반려동물의 사료와 같이 이용되어 고객의 계속적인 구매, 즉 구독판매가 가능한 제품이고 젤리는 간식으로서 시장에 출시되어 있는 다양한 간식 제품들과 많은 경쟁으로 제품의 판매량이 월별로 차이가 큰 특징이 있다. 결국 제품의 종류에 따라 제품의 생산에서 투입된 원가가 다르고 판매를 위한 유통 채널이나 마케팅의 방식, 정상적인 판매를 위한 적정 재고 수준과 유통 가능 기한도 달라지게 된다. 회사의 제품 생산을 위한 조건을 정리하면 아래와 같다.

필요 정보	제품 A 특징	제품 B 특징
평균 판매단가	8,000원	2,000원
생산가능수량(월)	10,000개	제품 A 1개당 8개
유통기한	1주일	3개월
판매방식(구독/단건)	구독, 단건	단건
원가(변동비)	6,000원/개	
원가(고정비)	15,000,000원/월	20,000,000원/월
추가가공원가(변동비)	-	2,000원/A제품 1개

모든 회사는 사업에 투입할 수 있는 자원이 한정적이고, 안정성과 수익성을 높여 궁극적으로 기업가치를 높이기 위한 의사결정을 수행할 필요가 있다. 그렇다면 이 회사의 경영자는 두 제품의 생산과 판매를 위해 자원을 어떻게 배분해야 할까? 어떤 제품의 판매에 주력하는 것이 필요할까? 이렇게 회사 내부에서 경영 의사결정을 위해 필요한 정보를 수집하고 필요한 지표를 만들어 이용하는 활동을 관리회계라고 하며, 앞서 외부의 정보이용자를 위해 회계정보를 작성하는 기준을 살펴본 재무회계와 구분할 수 있다. 따라서 관리회계는 회사의 경영자에게 필요한 의사결정 지표를 제공하기 때문에 같은 업종 내 회사 사이에도 다르게 형

성될 수 있고 경영자에 따라 관리하는 지표도 달라질 수 있는 특징이 있다.

2) 비용의 특징과 원가의 구분

회사가 사업활동에 투입할 수 있는 자원은 임직원, 비품, 부동산과 같이 다양한 형태로 존재할 수 있지만 이러한 자원을 유지하기 위해서 궁극적으로 현금이 필요하다. 따라서 관리회계는 이렇게 회사가 자원을 투입한 결과로 기록되는 현금의 지출인 비용을 자원이 소모되는 단위로 이용하여 이러한 비용의 지출액 대비 회사가 얻을 수 있는 추가적인 수익을 측정하여 지표를 만들고 이를 의사결정에 이용하게 될 것이다.

이러한 지표에 포함되는 비용은 지출 성격과 수익과의 관련 정도에 따라 몇 가지로 구분해 볼 수 있다.

구분 기준	종 류	
직접 대응 가능성	직접원가	간접원가
특정 driver에 비례	변동원가	고정원가

위의 사례에서 제시된 조건은 의사결정을 위해 필요한 직접원가만을 표시하였지만 간접원가로는 생산시설을 유지하기 위해 지출하는 월세나 리스비와 같이 공통적인 비용이 포함될 수 있다. 이러한 간접원가는 의사결정의 필요에 따라 지표에 포함될 수 있고, 포함한다면 각 제품의 생산에 이용된 정도에 따라 배부하여 계산할 수 있다. 이렇게 직접과 간접은 측정하고자 하는 대상에 개별적으로 연결할 수 있는지 여부로 구분해 볼 수 있다.

변동원가와 고정원가는 특정한 항목의 증감에 비례하는 원가의 특성이 존재하는지 여부에 따라 구분할 수 있는데, 제조업의 경우 제품의 생산량에 비례하여 증가하는지 여부로 구분하는 경우가 많다. 결국 의사결정의 대상이 생산량이라면 생산량에 따라 증가하는 비용의 구분과 그 정도가 중요한 지표가 될 것이기 때문이다. 이렇게 분석하고자 하는 대상에 따라 측정하는 지표와 지표의 계산에 포함되는 항목이 달라지기 때문에 관리회계의 분석을 하기 전에 분석의 목표와 포함하고자 하는 항목의 범위를 면밀하게 설정할 필요가 있다.

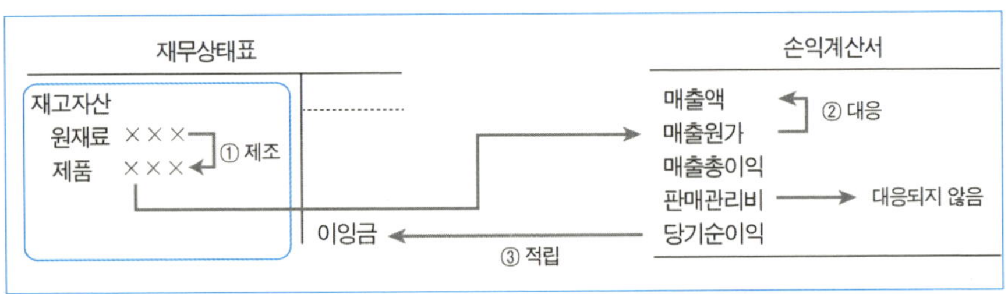

이제는 지금까지 구분 없이 사용해 온 비용과 원가의 정의를 구분해 보고자 한다. 앞서 재무회계와 관리회계의 차이를 설명하였는데, 재무회계에서 원가는 손익계산서의 매출원가 항목으로 등장한다. 매출원가는 매출액에 직접 대응되는 비용으로서 제조업에서 제품을 생산할 때 투입되어 재고자산을 형성하였다가 이후 제품의 판매로 사용되는 수량만큼 비용처리 되는 금액을 말한다. 이때 해당 재고자산에 귀속되는 비용은 일단 귀속되는 시점에는 대부분 이미 현금이 지출된 이후이지만 손익계산서에 비용으로 기록되기 위해선 해당 재고자산이 판매되어 매출액이 기록되어야 한다. 결국 앞서 설명한 수익·비용대응원칙을 위해 생산과정에서 지출되는 비용을 매출액에 대응하기 위해 재고자산이라는 중간 단계의 계정과목에 배부한 것이란 걸 알 수 있다. 이렇게 원가는 수익을 창출하기 위해 투입된 자원의 가치를, 비용은 자원이 유출되어 손익계산서에 기록된 가치를 의미한다.

3) 공헌이익과 CVP분석

관리회계에서 주로 이용하는 원가 분석의 항목 중에 가장 보편적으로 이용되는 개념이 공헌이익과 공헌이익을 이용한 CVP분석이 있다. 먼저 공헌이익은 앞서 설명한 변동원가와 고정원가의 분석으로 시작되는데, 변동원가(variable costs)란 원가총액이 조업도의 증감에 따라 비례적으로 변화하는 직접원가를 말하며, 재료원가, 판매수수료 등이 포함된다.

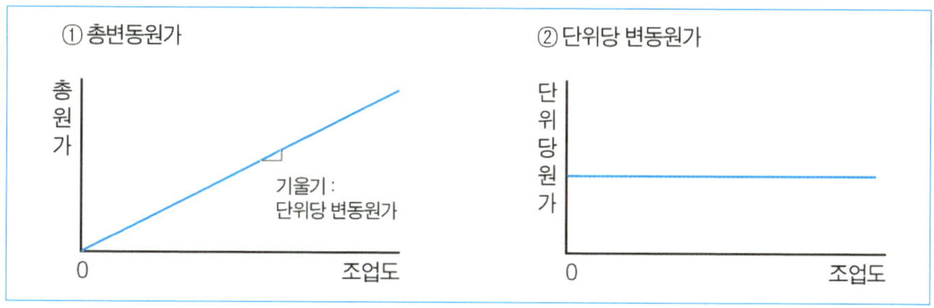

그리고 고정원가(fixed costs)란 조업도의 증감과 관계없이 원가총액이 변하지 않고 일정하게 발생되는 직접원가를 말하며, 건물이나 기계장치에 대한 감가상각비, 보험료, 임차료, 노무원가 등이 포함된다.

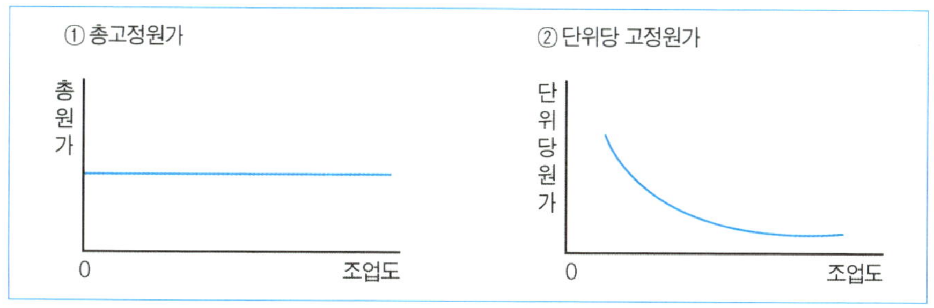

변동원가와 고정원가는 정의에 따라 구분하는 것이 원칙이지만 분석하고자 하는 원가 집계 기간이나 생산가능총량(Capacity) 등에 따라 변동원가와 고정원가의 구분이 달라지기도 한다. 대표적으로 인건비의 경

우 현재 수준의 고용량으로 생산 가능한 범위 내에서 분석을 할 때는 고정원가로서 분류하겠지만 이를 넘어서는 생산량을 분석하기 위해서는 변동원가와 같이 생산량의 수준에 따라 다르게 적용해야 할 것이다. 이렇게 변동원가와 고정원가의 성격을 모두 가진 원가를 준고정원가로 분류하기도 한다.

이제 CVP(Cost－Volume－Profit)분석은 조업도의 변화에 따라 비용과 이익이 어떻게 변동하는지 계산해 보는 분석으로서 일반적으로 "얼마짜리(cost)를 몇 개(volume) 제조(판매)하였을 때, 이익(profit)은 어떻게 변하는가?"와 같은 주제로 분석을 수행한다. 이 과정에서 공헌이익(Constribution Margin, CM)을 파악하고 손익분기점(Break Even Point, BEP)분석을 수행하기도 한다. 먼저 공헌이익의 개념을 살펴보도록 하자.

공헌이익이란 분석 대상인 제품 혹은 서비스의 판매 매출액에서 동 매출액이 발생하는 과정에서 지출된 변동비(원가)를 차감한 이익을 의미한다. 이러한 공헌이익에서 고정비(원가)를 차감하면 손익계산서의 영업이익이 계산되는데, 재무회계의 영업비용인 매출원가와 판매관리비를 조업도에 비례하는지 여부에 따라 고정비와 변동비로 구분하는 것이다.

① 공헌이익 : 총매출액－총변동비 = (P－V) × Q
② 단위당 공헌이익 : 단위당 판매가격(P)－단위당 변동비(V)
③ 공헌이익 〈 고정원가 ⇒ 순손실, 공헌이익 〉 고정원가 ⇒ 순이익
④ 공헌이익률 : 공헌이익 / 매출액

공헌이익은 분석 과정에서 동 매출액을 발생시키기 위한 재고나 서비스의 판매량으로 나누어 단위당 공헌이익을 계산하게 되는데, 이러한 단위당 공헌이익은 결국 재고나 서비스를 한 단위 판매하면서 발생하는

추가적인 수익에서 추가적인 비용을 차감하여 계산한 단위당 이익에 해당한다. 이때 회사의 영업이익이 0이 되기 위해서는 공헌이익이 고정비 발생액과 같아져야 하기 때문에 고정비만큼 공헌이익을 내기 위해서 필요한 판매량을 단위당 공헌이익으로 계산할 수 있고, 이를 손익분기점이라고 한다. 이렇게 손익분기점은 총매출액이 변동비와 고정비를 포함한 총원가와 같아지는 점, 또는 총공헌이익과 총고정원가가 같아지는 점으로 정의할 수 있다.

손익분기점 판매량 : (단위당 판매가격 − 단위당 변동원가) × 판매량 − 고정비=0

더 나아가서 고정비를 충당한 이후 판매량, 즉 손익분기점 이후의 추가적인 판매는 그 수량에 비례하는 영업이익을 남기게 되므로 회사가 목표로 하는 영업이익 수준을 내기 위한 판매량 수준과 같이 사업계획을 수립하기 위한 판매목표와 같은 의사결정을 위한 지표를 작성하는데 이용하기도 한다. 최근에는 CVP분석의 범위를 확장하여 Unit Economics라는 개념을 사용하기도 하는데, UE는 비용 단위(Unit)가 회사의 수익성에 얼마나 영향을 주는지 분석하는 것으로 단위를 판매제품으로 놓으면 공헌이익과 같아지고, 고객으로 놓으면 고객이 이탈할때까지 회사에 주는 수익(LTV)에서 고객을 유치하는데 드는 비용(CAC)을 차감하여 고객의 수익성을 분석하는데 사용하기도 한다. 이는 최근에 플랫폼을 이용한 사업모델의 경우 수익성을 분석하는 기초 단위로서 고객이 중요한 driver인 경우가 많아 이를 분석하기 위해 사용되는 방식이다.

앞서 제시한 사례를 살펴보면 제품 A를 최대로 생산해서 모두 판매한다면 회사의 공헌이익은 제품 판매가격인 8천원에 판매가능수량인 1만개를 곱하여 매출액으로 8천만원을 계산할 수 있고, 변동비인 원가가 개당 6천원씩 총 6천만원이 지출되기 때문에 공헌이익은 2천만원으로 계산할 수 있다. 여기에 고정비를 차감하고 나면 최종적인 영업이익은 5백만원으로 계산된다. 그렇다면 만약에 판매량이 절반인 1만개로 떨어진다면 회사의 영업이익은 어떻게 될까? 단위당 공헌이익의 개념을 이용하여 제품을 1만개 판매할 때 공헌이익이 2천만원이니 단위당 공헌이익은 개당 2천원이 되고 5천개를 판매한다면 공헌이익인 1천만원이 되어 고정비를 차감하고 나면 5백만원의 마이너스 영업이익, 즉 영업손실을 얻게 된다.

구 분	금 액
매출액	80,000,000원
원가(변동비)	60,000,000원
공헌이익	20,000,000원
원가(고정비)	15,000,000원
판매비와관리비	없음
영업이익	5,000,000원
판매량	10,000개
개당 공헌이익	2,000원/개

그렇다면 제품 A의 손익분기점 판매량은 단위당 2천원의 이익으로 1,500만원을 충당하려면 7천5백개의 판매량이 계산된다. 이 이상 판매하는 수량부터는 고정비를 모두 충당했으니 고스란히 회사의 영업이익에 쌓일 것이라는걸 알 수 있다.

이렇게 공헌이익을 통해 경영자는 제품 A를 판매할 때 월 최소 판매목표를 7천5백개로 설정하여 판매와 생산의 계획을 수립하게 할 수 있다. 더 나아가 회사는 제품 B의 개당 공헌이익을 계산하여 보면 제품 A의 생산 후에 추가가공비까지 감안하여 제품 B 8개 판매로 16,000원을 벌 때 8천원의 변동비가 지출되어 8개 판매에 대한 공헌이익이 8천원으로 계산된다. 따라서 제품 B의 손익분기점 판매량은 3만5천개가 되는데 A보다 판매량이 8배가 많으니 전체 생산가능수량을 모두 B로 돌린다면 4천5백만원의 영업이익을 달성할 수 있게 된다. 일반적으로 회사는 수익의 변동성이 적을수록 안정적인 사업의 운영이 가능하기 때문에 수익성이 적더라도 안정적인 매출인 구독매출을 선호할 수 있는데 이를 위해 회사의 고정비 수준을 충당할 만큼 안정적인 A의 구독매출 계획을 세우고, 이후의 매출은 B에 주력하는 의사결정을 할 수도 있다.

이렇게 회사는 공헌이익 개념을 이용하여 판매량과 같은 Volume의 변화에 따라 손익을 추정해 보는 민감도분석을 수행하며, 이러한 분석은 단기의 회사의 의사결정을 위한 분석 방법이라고 할 수 있다. 다음 단원에서는 좀 더 장기적인 관점으로 사업을 분석하는 기업가치평가를 살펴보도록 하자.

제 3 장

회계와 기업분석

1. 기업가치평가

(1) 기업가치와 시가총액

회사가 발행한 주식의 시가 합계액을 시가총액이라고 부르는데, 이 주식은 주주가 과거에 회사로부터 발행받은 투자의 결과이기 때문에 결국 재무상태표의 자본의 시가가 시가총액에 해당하게 된다. 이때 재무상태표의 부채는 투자 조건에 따라 회사는 미래에 갚아야 할 원리금이 고정되어 있고, 회계기준에서는 장기의 채무에 대해 현재의 가치로 평가하도록 하기 때문에 재무상태표의 금액이 시가와 유사하다고 할 수 있다. 결국 이러한 방식으로 재무상태표의 부채와 자본을 모두 시가로 바꾼다면 대차평균의 원칙에 따라 부채와 자본의 합계로 계산되는 재무상태표의 자산가치는 기업가치(Enterprise Value, EV)에 해당한다. 기업가치는 그 기업에 투자한 채권자와 주주가 투자의 결과로 얻게 된 투자가치와 같을 것이기 때문이다. 결국 시가총액을 관찰할 수 있는 상장기업의 시가총액에 당해 회사의 재무상태표에서 확인할 수 있는 이자부부채를 더한 금액을 기업가치라고 할 수 있다. 실무적으로는 회사의 이자부부채에서 현금을 차감한 순차입금으로 계산하기도 한다.

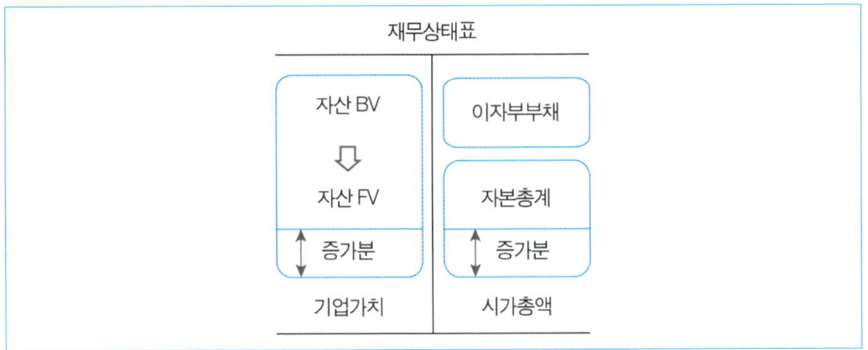

위의 내용을 고려한다면 기업가치평가는 결국 대차평균의 원칙에 따라 시가총액에서 이자부부채의 합계로 계산할 수도 있고 회사가 보유한 자산의 공정가치의 합계로써 계산할 수도 있으며, 각 방식에 따라 계산된 가치는 이론적으로 같아야 할 것이다. 실제로 실무에서는 시가총액을 확인할 수 있는 상장기업의 경우 시가총액에서 이자부부채를 더하는 방식으로, 비상장기업의 경우 자산의 공정가치를 미래 사업에서 얻어질 것으로 예상하는 현금흐름의 현재가치로써 산출하여 기업가치를 계산하고 여기에서 이자부부채를 차감하여 시가총액을 계산하게 된다.

토스, 발란, 부릉도…약해지는 프리머니 밸류 협상

Invest chosun 하지은 기자 2022. 7. 27.

(중략) 프리밸류는 지분율 협상과 특히 관련이 있다. 프리밸류를 낮게 책정할수록 투자자 지분율은 높아지게 된다. 가령 5억원을 투자받고자 할 때 프리밸류가 10억원일 땐 투자자는 포스트머니 밸류(Post-money value · 투자유치 후 기업가치) 15억원에 지분 33%를 가져가지만 프리밸류가 5억원일 땐 포스트밸류 10억원에 지분율이 50%까지 이르게 된다. 동일한 투자금이더라도 프리밸류에 따라 회사 대표의 지분율이 큰 차이가 벌어지는 셈이다.

내부사정에 정통한 관계자에 따르면 토스는 당초 프리밸류 8조5,000억원에 5,000억원에서 최대 1조원 조달을 목표로 포스트 밸류(Post-value) 9조~9조5,000억원을 희망했다. 결과적으로는 프리밸류 8조2,000억원에 3,000억원을 조달, 8조5,000억원을 인정받았다. 직전 라운드가 있었던 작년 6월 포스트 밸류가 8조2,000억원이었으니 소폭 오른 셈이나 기대에는 못 미치는 수준이다. (중략)

일반적으로 기업이 투자를 유치할 때 투자 이후 기업가치는 투자를 받은 금액만큼 증가하게 된다. 이때 투자 직전의 기업가치를 프리밸류로, 투자 직후의 기업가치는 포스트밸류로 표시하고, 이때 기업에 이자부부채가 없는 경우 기업가치는 시가총액과 같아지기 때문에 투자금액이 포스트밸류대비 차지하는 비율에 따라 투자자에게 주식을 발행하여 지급하게 된다. 일반적으로 언론에서는 기업가치와 시가총액이 같은 것으로 혼용하여 사용하기도 하지만 회사에 이자부부채가 존재하는 경우에는 둘 간에 차이가 발생하니 명확하게 사용해야 할 것이다.

(2) 평가방법의 종류

기업가치평가의 방법은 다양하게 개발되고 있지만 평가방법에 따라 같은 시기에 평가한 동일한 기업의 가치가 다르게 평가될 수 있기 때문에 평가의 목적에 따라 적절한 평가방법을 이용하여야 한다.

○○회계법인 "△△△청산가치가 더 커…존속 어려워"

머니투데이 백지수 기자 2016. 12. 9.

기업회생절차(옛 법정관리)를 밟고 있는 △△△의 조사위원인 ○○회계법인이 △△△을 청산하는 것이 더 낫다는 판단을 내린 것으로 확인됐다.
9일 관련 업계에 따르면 이날 서울 여의도 △△△ 본사에서 열린 △△△ 관계인 설명회에서 ○○회계법인은 △△△ 청산가치를 1조8,000억원, 계속기업가치를 9,000억원으로 산출했다는 실사 결과를 채권단과 주주들에게 보고했다.
회생 기업의 청산가치가 계속기업가치가 더 크다는 것은 경영을 계속하는 것보다 법원에서 파산 선고를 내려 법인을 청산하는 것이 더 효율적이라는 의미다.
(중략)

기업이 다른 기업과 합병을 하거나 주식을 인수하는 거래를 하는 경우에 거래의 의사결정은 거래의 규모에 따라 주주총회와 이사회의 결의로 수행할 수 있지만 항상 모든 주주의 이해관계를 고려하기는 어렵다. 따라서 거래되는 주식의 거래금액이 주식의 본질적인 가치를 담지 못하는 경우 거래하는 주주 간에 부가 이전되는 등의 비합리적인 거래로 변질되기 쉽다. 따라서 주식가치평가와 기업가치평가는 평가시점의 공정한 가치를 반영할 수 있도록 평가방법의 결정에 주의를 기울여야 한다.

이를 위해 상속세 및 증여세법과 자본시장법에서는 각기 과세와 자본시장의 건전성 유지를 위해 기업의 종류에 따라 평가의 방법을 정하고 있으며, 모두 상장기업과 비상장기업에 대해 평가방법을 달리 정하고 있다.

상기 기사에서는 한 기업이 회생을 신청한 사건에서 기업이 청산의 절차로 자산을 매각하여 현금화할 때의 가치인 청산가치와 기업이 사업활동을 수행하여 미래에 벌어들인 현금흐름에 따라 평가한 가치인 계속기업가치를 비교하여 회생의 의사결정을 내리는 것을 확인할 수 있는데, 역시나 한 기업에 대해 평가한 방법에 따라 평가금액이 다르게 결정되는 것을 확인할 수 있다. 청산가치와 계속기업가치는 각각 자산기준접근법 및 이익기준 접근법에 따른 평가방법인데, 상증세법과 자본시장법은 상세한 평가 기준은 다르지만 이 두 평가방법에 따른 평가액을 가중평균하여 계산하는 방식으로 정하도록 하는 특징이 있다.

대분류	중분류	소분류
절대가치평가	자산기준접근법	• 장부가치평가 • 청산가치평가
	이익기준접근법	• 현금흐름할인모형(DCF) • 배당할인모형(DDM) • 초과이익모형(RIM)
상대가치평가	시장기준접근법	• PER, PBR, PSR • EV/EBITDA, EV/Sales
법률에 의한 평가	상증세법	비상장주식 보충평가
	자본시장법	자산가치와 수익가치의 가중평균

일반적으로 자본시장이나 민간에서는 평가방법은 이익기준접근법 중 현금흐름할인모형이나 시장기준접근법의 여러 평가방법이 주로 사용된다.

(3) DCF(Discounted Cash Flow, 현금흐름할인법)

평가대상 회사의 사업에서 미래 벌어들일 것으로 예상되는 현금흐름을 추정하고 이를 회사의 가중평균 자본비용으로 할인하여 기업가치를 평가하는 방법으로 이익기준접근법에 해당한다. 현재 자본시장에서 가장 합리적인 평가법으로 알려져 있으나 평가자의 주관과 의사결정에 크게 영향을 받기 때문에 평가에 사용된 중요한 가정이 합리적으로 결정되었는지에 대한 검토가 필수적으로 수반된다. 또한 평가를 위해 사업의 미래 수익과 비용을 직접 추정해야 하기 때문에 회사의 사업계획과 예산과 같은 미공개 주요 정보가 필요한 경우가 많다. 따라서 높은 수준의 정보를 적용하여 미래 사업에서의 수익과 비용을 추정하고 이를 통해 예상되는 잉여현금흐름을 추정하기 때문에 기업가치를 설명하는 능력도 높은 특징이 있다. 부수적으로 가치평가를 위해 작성한 재무추정모델을 이용하여 주요 가정의 변경시 발생하는 영향을 분석하는 민감도 분석에 활용도 가능하므로 보다 정교한 가치평가가 필요한 경우 이용하는 것이 좋다.

1) 사업의 이해와 재무상태표의 재구성

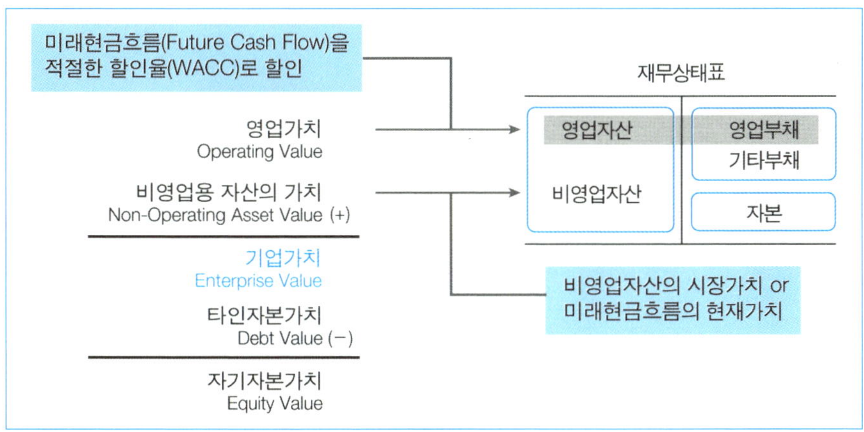

회사의 미래 영업현금흐름을 추정하기 위해서는 회사가 영위하는 사업내용과 사업이 속한 산업의 전망에 대한 높은 수준의 이해가 필요하다. 또한 회사의 수익과 비용을 추정하는 단계에서 구체적인 사업계획이 필요하기도 하며, 미래 영업활동의 변화를 가정하기 위해 동종업계 경쟁사의 영업지표를 분석할 필요도 있다. 결국 추정 단계에서 회사의 내부 담당자와의 협업과 인터뷰가 수행되며, 평가결과가 동종업계 실무자들의 컨센서스에 부합할 필요가 있다. 이를 위해 평가자는 추정 모델을 작성하기 전에 깊이 있는 리서치를 수행한다.

이후에 회사의 평가기준일 현재 재무상태표를 평가목적에 따라 재구성할 필요가 있는데 이 과정에서 회사의 영업에 사용하지 않는 비영업자산(Non Operating Asset)을 구분하고, 영업활동에 투입되는 자산과 부채를 운전자본과 유무형자산으로 구분하게 된다.

현금흐름의 추정은 사업이 안정적으로 수행되는 기업에 대해서는 일반적으로 현금흐름을 직접 추정하기보다는 회계상의 세후영업이익을 추정하고 여기에 일정한 조정을 통하여 현금흐름을 산출하는 간접적인 방식이 이용된다.

2) 잉여현금흐름(FCF)의 추정

매출액
(－) 매출원가
(－) 판매비와 관리비
___
= 세전영업이익(EBIT : Earnings Before Interest and Taxes)
(－) EBIT에 대한 세금
___
= 세후영업이익(NOPLAT : Net Operating Profit less Adjusted Taxes)

(＋) 비현금비용(감가상각비 등)
(－) 설비투자 (CAPEX : Capital Expenditures)
(±) 운전자본(Working Capital)의 증감
___
잉여현금흐름 (Free Cash Flows)

사업에서의 미래 현금흐름을 추정하기 위해 먼저 회계상의 영업이익을 추정한다. 과거 회사의 손익계산서를 토대로 매출액과 영업비용(매출원가, 판매비와관리비)을 추정하여 세전 영업이익을 산정하고, 소재국가의 법인세 계산식을 적용하여 법인세를 추정하여 차감하면 세후영업이익이 계산된다. 내국법인의 경우 법인세를 적용할 때에는 영업손실이 발생한 해의 결손금을 이월하여 차감하도록 이월결손금을 계산한다.

추정기간

미래 현금흐름을 추정할 때 기업의 사업활동은 계속적이지만 실제 상세한 현금흐름을 추정하는 기간도 계속적으로 추정할 수는 없다. 따라서 회사가 속한 산업의 성숙도, 경기순환주기, 핵심설비의 실질적인 내용연수 등을 고려하여 추정기간을 정하고, 추정기간 이후 현금흐름은 회사가 계속기업임을 가정하여 영구성장률을 적용하게 된다. 실무적으로 추정기간은 5년을 적용하며, 건설업, 중공업과 같이 산업의 순환주기가 긴 업종의 경우에는 그에 맞추어 길게 정하여 적용하는 것이 일반적이다.

영구성장률의 경우 일반적으로 영구히 성장하면서 지속되는 회사는 드물기 때문에 0% 적용하는 경우도 빈번하게 존재하며, 성장사업의 경우 1%~2%, 그 외에는 1% 이내의 성장률을 적용하는 경우가 많다.

수익의 추정

수익은 비용 항목뿐만 아니라 현금흐름을 조정하는 운전자본의 변동과 같은 항목, CapEx(자본적 지출)의 추정에도 영향을 주므로 현금흐름 추정에서 가장 정교한 추정이 필요한 항목이다. 회사의 사업 내용에 따라 추정의 방식이 달라지지만 사업모델 별로 일반적으로 사용되는 수익추정의 방식이 존재하는 경우가 많아 사전에 유사 사업에서 수익 추정에 보편적으로 사용되는 방식을 확인하는 것이 좋다.

일반적으로 수익의 추정은 매출 수량에 단가를 곱하여 추정하고, 주문생산 방식의 다기간에 걸친 용역의 경우에는 기존 수주내역과 예정된 수주량을 추정에 직접 반영하기도 한다.

수익 추정액 = 매출 수량(Q) × 매출 단가(P)

매출 수량의 추정을 위해서는 과거 기간동안 회사의 제품별, 고객별, 판매채널별 매출상세내역과 Key driver를 추정에 반영하며, 동시에 대상회사가 속한 산업의 전망성, 향후 대상회사의 사업계획 등이 종합적으로 반영되고 큰 틀에서 매출 수량의 추정 방식은 Top-down 접근법과 Bottom-up 접근법이 있다. 실무적으로는 두 가지 정방식을 모두 적용하는 경우가 많다. 또한 매출의 수량과 단가 정보를 확인할 수 없거나, 수량과 단가가 유의미한 증감추세를 보이지 않는다면 매출 전체금액을 기준으로 적절한 매출성장률 추정치를 적용하여 추정하는 방식도 가능하다.

Top-down (시장기반)	Bottom-up (고객기반)
시장규모 × 시장점유율 회사의 사업모델이 속해있는 전체 시장을 먼저 정의하고 시장 내 점유율이 안정적으로 변동한다는 전제로 시장점유율을 적용함. 시장규모의 판단에 있어 동종업 유력 경쟁사의 매출규모를 합산하거나, 시장 리서치 보고서를 참고	수량 × 단가 회사의 기존 판매 채널을 기반으로 채널별 실적에 기반하여 회사의 사업계획과 생산능력, 시장전망치, 과거실적을 고려함. 단가추정은 거시경제지표 상 물가상승률이나 회사의 가격정책 등을 고려하여 추정

비용의 추정

비용을 평가목적으로 분류하면 크게 4가지 종류의 비목으로 구분할 수 있으며 여기에 CapEx 추정에서 결정된 상각비가 추가된다.

구 분	설 명
재료비	제조업의 경우에 세부 제품별로 투입수량에 매입단가를 곱하여 재료비를 추정한다. 이미 수익을 추정하는 과정에서 매출 수량이 결정되므로 해당 매출 수량에 투입되는 재료비의 수량을 적용하게 된다. 실무적으로는 단일 제품제조 시 다양한 원재료가 투입되므로 매출 추정에 따른 원재료 투입수량 추정이 어려운 경우가 많아 이러한 경우 투입수량과 매입단가를 나누지 않고 제품별 매출대비 재료비율의 과거실적을 매출 추정치에 적용할 수 있다.
인건비	회사의 사업 계획상 향후 유지할 것으로 예상되는 인원 수와 인당 인건비를 각각 추정 후 곱하여 추정한다. 인원 수의 추정 시에 인당 인건비가 유사한 직무나 직급을 기준으로 구분하는 것이 좋고, 그래서 일반적으로 임원과 직원, 생산직무와 관리직무를 구분하여 추정하기도 한다. 인원 수는 앞서 추정한 매출 수량과 회사의 생산 가능 capacity, 향후 CapEX를 고려하며, 인당 인건비는 예상되는 인건비 성장률을 적용한다.
변동비 고정비	재료비, 인건비를 제외한 기타비용은 변동비와 고정비로 나누어 추정한다. 변동비의 경우 각 세부항목별로 파악된 원가동인(Driver)을 설정하여 해당 동인의 변동에 따라 비례하여 변동되는 방식으로 추정한다. 예를 들면 운반비의 경우 앞서 수익 추정액에 비례하여 변동되도록 추정할 수 있으며, 스타트업의 마케팅비와 같이 전체 비용에서 차지하는 비중이 크고 특정 Driver를 찾기 어려운 경우 별도의 추정 방식을 적용하여 추정하기도 한다. 고정비의 경우 평가기준일 시점 발생액을 기준으로 거시경제지표 상 물가 상승률만큼 증가하는 것으로 추정한다.

현금흐름의 조정

추정된 세후 영업이익을 현금흐름으로 변환하기 위해 3가지 항목의 증감을 반영한다. 앞서 추정목적으로 재무상태표를 재구성하면서 재무상태표상의 손익이 반영되는 자본에서 최종 추정 목적인 현금의 변동이 계산되어 나오기 위해서는 유무형자산의 추가적인 투자와 감가상각비, 운전자산 및 부채의 변동이 반영되어야 할 것을 예측해 볼 수 있는데, 각 항목별 추정액은 아래와 같이 고려한다.

① 비현금비용의 가산

세후영업이익을 추정에 반영된 수익과 비용 중 실제 현금흐름과 큰 차이가 발생하는 비용항목을 다시 더해준다. 일반적으로 유무형자산의 상각비를 먼저 더해주며 유무형자산의 상각비는 아래 자본적지출액의 추정액에 따라 회사의 자산 항목 별 상각비 계산 요소를 적용하여 추정된다.

② 설비투자(CAPEX,자본적 지출)

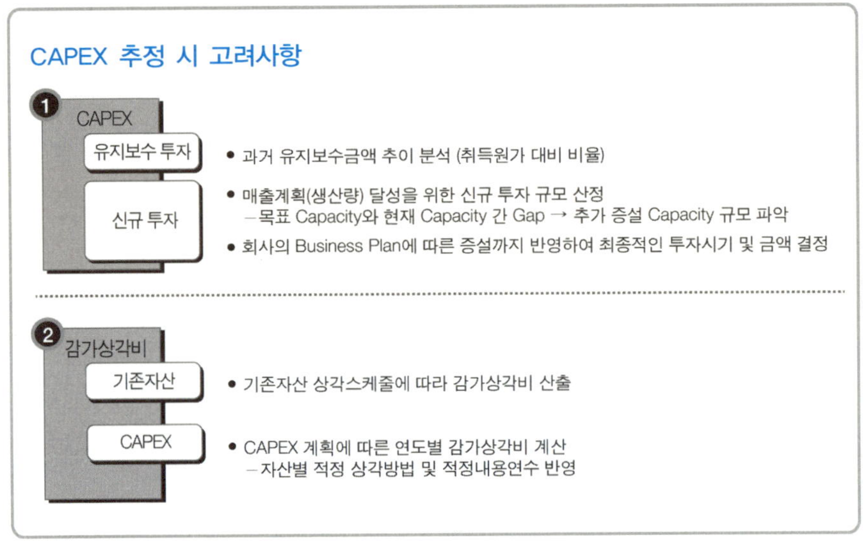

회사가 보유한 유무형 자산에 더해 향후 추가로 취득이 예상되는 지출 규모와 시기를 회사의 사업계획을 반영하여 추정한다. 별도의 투자계획이 없는 자산은 매년 감가상각비만큼 재투자된다고 가정하여 현재 수준을 유지한다고 가정하는 것이 타당하며, 회사가 영위하는 사업의 특성 상 사업이 성장함에 따라 지속적인 자본적 지출이 필요한 경우 별도의 추정 로직을 통해 향후 매출 추정치 규모와 성장률을 뒷받침할 수

있는 자본적 지출의 수준을 현금흐름에 반영해야 한다.

③ 운전자본 증감

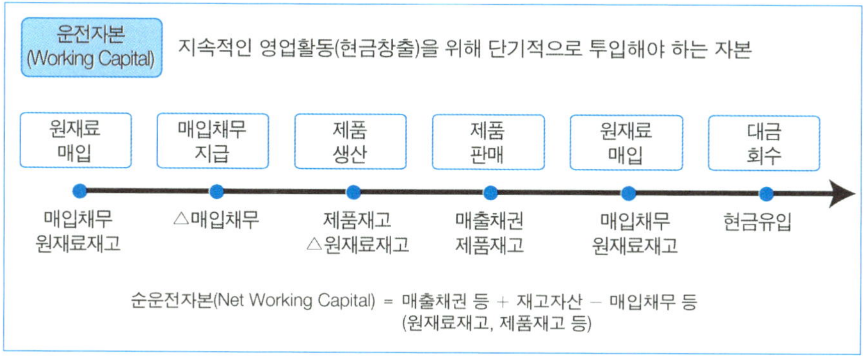

순운전자본의 증감은 추정기간 동안 운전자본의 구성 항목인 운전자산과 운전부채의 세부항목별 잔액을 추정하고 연도별 잔액차이를 통해 산출된다. 세부항목별 잔액추정은 과거 분석기간의 세부항목별 회전율/회전기일을 관련 손익항목 추정치에 적용하여 산출하는 것이 일반적이고, 과거 분석기간에 비경상적인 수치를 보이거나 향후 대금 회수/지급 조건 등이 변경될 것으로 예상된다면 해당사항을 고려하여 지속가능한 수준의 순운전자본 규모를 추정해야 한다.

3) CAPM과 WACC

추정된 잉여현금흐름은 미래시점의 금액이기 때문에 이를 현재가치로 할인하여 합산해야 해당 사업에서의 가치, 영업가치를 계산할 수 있다. 이때 현재가치로 할인하기 위한 할인율의 결정이 영업가치의 변화에 직접적이고 크게 영향을 미치는데, 이를 결정하기 위한 이론적인 배경에 대한 이해가 필요하다.

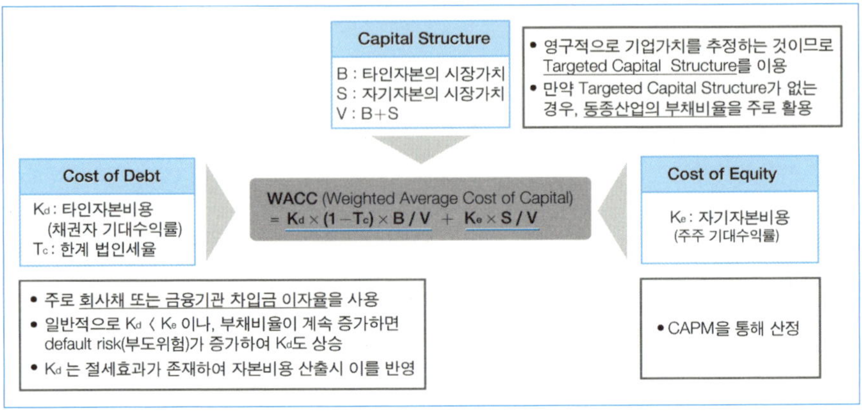

Capital Structure

B : 타인자본의 시장가치
S : 자기자본의 시장가치
V : B+S

- 영구적으로 기업가치를 추정하는 것이므로 Targeted Capital Structure를 이용
- 만약 Targeted Capital Structure가 없는 경우, 동종산업의 부채비율을 주로 활용

Cost of Debt

K_d : 타인자본비용 (채권자 기대수익률)
T_c : 한계 법인세율

WACC (Weighted Average Cost of Capital)
$= K_d \times (1 - T_c) \times B / V + K_e \times S / V$

Cost of Equity

K_e : 자기자본비용 (주주 기대수익률)

- 주로 회사채 또는 금융기관 차입금 이자율을 사용
- 일반적으로 $K_d < K_e$ 이나, 부채비율이 계속 증가하면 default risk(부도위험)가 증가하여 K_d도 상승
- K_d 는 절세효과가 존재하여 자본비용 산출시 이를 반영

- CAPM을 통해 산정

먼저 적정한 할인율은 회사에 투자하고 있는 투자자의 가중평균 자본비용(Weighted Average of Cost of Capital, WACC)으로 결정된다. 자본비용이란 투자자가 투자의 결과로 기대하는 수익률을 의미하는데, 회사는 이 수익률의 기대에 맞추어 사업 계획과 목표를 수립하게 되고, 경영자는 이를 자본을 사용한 대가로써 지급하는 비용으로 인지하기 때문에 이렇게 명명되었다.

기업가치평가시 일반적으로 추정하는 기업현금흐름은 주주와 채권자 모두에게 귀속되는 영업활동과 관련된 현금흐름이기 때문에, 자본비용 산출 시 주주와 채권자 각각의 자본비용을 대상회사의 목표자본구조로 가중평균하여 산출하게 된다.

① 타인자본비용(K_d)

이자비용과 같이 채권자가 자금대여에 대한 대가로 요구하는 수익률을 의미한다. 채권자는 주주와 달리 대상회사의 경영성과와 무관하게 원금과 이자를 보장받으므로 재무적인 위험이 낮아 일반적으로 자기자본비용보다 낮게 형성된다. 다만 채권자의 경우에도 대상회사의 경영성과 악화로 인해 채무불이행이 발생할 수 있으므로 타인자본비용은 무위험이자율(Rf)에서 부도위험 등을 비롯한 채권자 마진(Debt margin)을 가산하여 산출되지만 실무적으로 채권자 마진을 별도로 산출하는 것이 어려워, 평가기준일 시점 대상회사의 신용등급을 고려한 회사채 이자율을 타인자본비용으로 적용되는 경우가 많다. 그리고 이자비용의 법인세 절세효과를 고려하여 대상회사의 법정 한계세율을 적용한 세후타인자본비용($K_d \times (1-T_c)$)을 고려하게 된다.

② 자기자본비용(K_e)

자본을 투자한 주주가 요구하는 수익률로서 주주의 요구수익률은 변동성이 높은 회사의 미래 경영성과에 따라 결정되므로 타인자본에 비해 많은 위험을 부담하게 되고 이에 따라 위험프리미엄을 추가적으로 요구하게 된다. 자기자본비용을 추정하는 방식으로 자본자산가격결정모형(CAPM)이 이용된다. CAPM의 기본구조는 개별주식의 무위험이자율을 초과하는 초과수익률(위험프리미엄)을 산출하여 무위험이자율에 가산하는 방식이며, 초과수익률은 주식시장의 평균 초과수익률(시장위험프리미엄)에 개별주식의 상대적 위험지표인 베타(β)를 적용하여 산출한다.

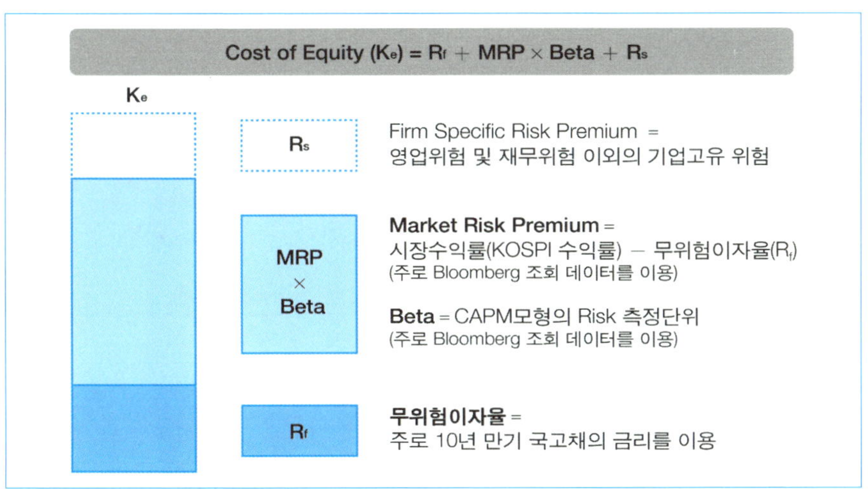

– 무위험이자율

영업위험이 전혀 존재하지 않는 투자상품의 수익률로 회사가 속한 국가의 통화가 갖는 고유위험으로 정의된다. 실무적으로는 평가기준일 현재의 10년 만기 장기 국고채 이자율을 적용한다.

– 시장위험프리미엄(MRP)

회사가 속한 주식시장의 평균적인 수익률(Rm)에서 무위험이자율을 차감한 개념으로 해당 국가의 주식시장에서 주식투자를 하는 경우 일반적으로 요구되는 초과수익률을 의미한다. 이론적으로는 주식시장에서 거래되는 모든 개별주식의 초과수익률을 각각 시가총액기준으로 가중평균한 개념이며, 실무적으로는 평가기준일의 주식시장 종합주가지수의 기대수익률을 대용치로 적용한다.

– 베타(Beta)

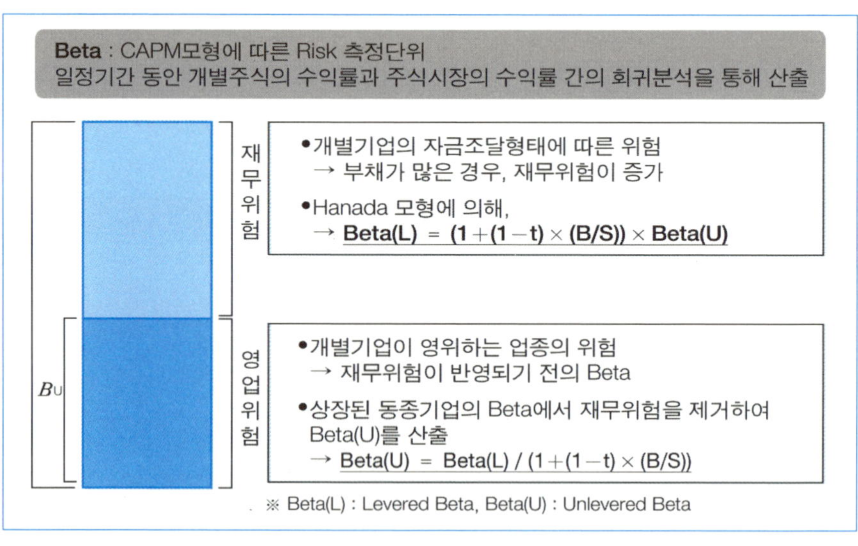

베타는 개별주식의 위험, 즉 주가수익률의 변동성을 의미하는데 개별주식의 절대적인 위험이 아닌 전체 주식시장의 평균적인 위험을 '1'이라

고 가정했을 때 개별주식의 위험을 상대적으로 표시한 수치이다. 예를 들어 개별주식의 베타가 '2'라면 시장평균 초과수익률이 1% 변동할 때 개별주식의 초과수익률은 2% 변동하는 것을 의미한다. 실무적으로 베타는 개별주식의 수익률과 종합주가지수의 수익률의 회귀분석을 통해 산출되지만 비상장회사인 경우 시장에서 거래되는 개별주식의 수익률 추세를 파악할 수 없어 상장회사 중 회사와 사업적, 재무적 유사성이 높은 대용기업들의 평균 베타를 적용하고, 이 과정에서 하마다 모형 등 일반적으로 사용하는 이론적인 배경을 이해할 필요가 있다.

4) 영구기업가치(Terminal Value)와 영업가치

추정기간의 현금흐름을 산출하고 나면 이를 가중평균자본비용으로 할인하여 현재가치로 평가한다. 이때 추정기간 이후의 기업가치는 일정한 가정에 따라 결정하게 되는데, 이를 영구기업가치(Terminal Value)라고 부른다. 추정기간가치에 영구기업가치를 합산하면 회사의 영업현금흐름을 통하여 계산한 영업가치가 결정된다.

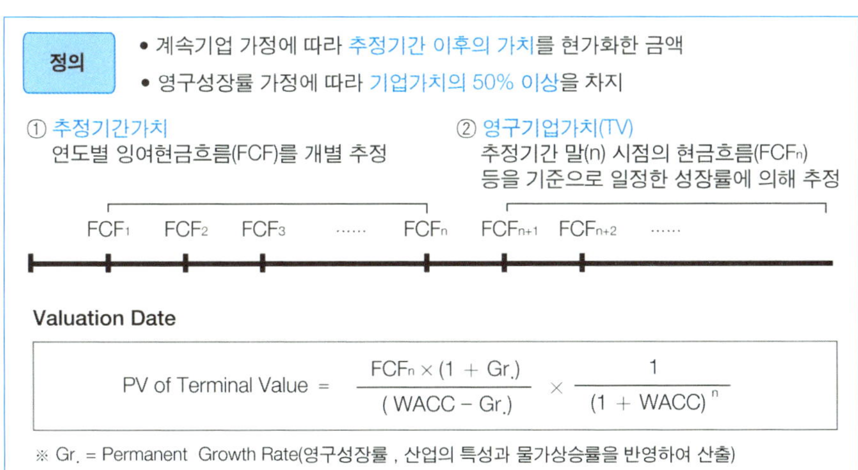

$$\text{PV of Terminal Value} = \frac{FCF_n \times (1 + Gr.)}{(WACC - Gr.)} \times \frac{1}{(1 + WACC)^n}$$

※ Gr. = Permanent Growth Rate(영구성장률, 산업의 특성과 물가상승률을 반영하여 산출)

앞서 추정기간의 개념을 설명하면서 추정기간 이후의 현금흐름은 영구성장률의 가정에 따라 결정됨을 제시하였는데, 이때 추정기간의 최종 시점의 현금흐름 혹은 영업이익에 영구성장률과 할인율을 반영하여 영구기업가치를 계산하며, 이를 위한 무한등비급수를 적용한 산식이 위와 같다.

5) 기업가치와 자기자본가치(시가총액)

영업가치를 계산하고 나면 공정가치로 평가한 비영업자산의 가치를 더하여 기업가치(Enterprise Value)가 산출된다. 이 기업가치는 결국 채권자와 주주의 투자가치에 해당하므로, 기업가치에서 채권자의 투자가치인 타인자본가치, 이자부부채의 금액을 차감하고 나면 결국 주주가 보유한 주식가치의 시가 합계인 자기자본가치, 시가총액이 계산된다.

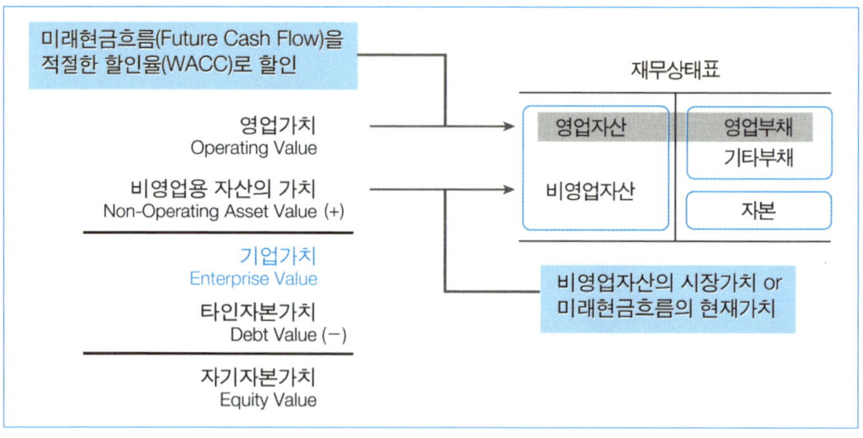

이렇게 산출된 자기자본가치를 회사가 발행한 주식수로 나누면 한 주당 주식의 공정가치를 계산할 수 있다.

(4) 상대가치평가

평가대상 회사의 성과지표 대비 기업가치의 배수(multiple)를 적용하여 평가하는 방법으로 시장기준접근법에 해당한다. 이때 적용할 배수를 정하기 위해 평가대상 회사와 업종, 사업내용, 규모, 시장지배력이 유사한 상장기업을 찾아 배수를 산출하고 동 배수를 이용하여 평가대상회사의 기업가치를 산정하는데, 평가하는 목적 지표에 따라 시가총액을 산정하기도 한다.

시가총액(기업가치) = 평가지표 × 동종기업 평균 배수(Multiple)

상대가치평가법은 다른 평가방법 대비 시간이 적게 들고 이해가 어렵지 않다는 장점이 있으나 평가대상회사와 유사한 상장기업을 찾을 수 없는 경우 적용할 수 없다는 단점이 있다. 유사한 상장기업은 벤치마크(Benchmark) 혹은 피어그룹(Peer Group)이라고 부르는데 벤치마크의 배수를 그대로 평가대상회사에 적용하기 때문에 벤치마크의 합리적인 선정이 평가 결과의 신뢰성에 큰 영향을 미치게 된다. 하지만 일반적으로 사업내용과 업종 등을 포함한 유사한 상장기업을 찾기 어려운 경우가 많아 다른 평가방법을 이용하기 어려운 사유가 있는 경우에 이용하는 것이 좋다.

실무에서 상대가치평가법으로 이용하는 배수의 종류는 다양하지만 항상 모든 종류를 이용할 수 있는 것은 아니며 평가대상회사의 기업가치를 좀 더 합리적으로 설명할 것으로 예상되는 평가지표에 맞게 적용하여야 한다. 일반적으로 이익과 매출수준이 안정 단계에 접어든 경우 사업의 이익이나 영업현금흐름 등에 기반하여 평가하는 PER과 EV/EBITDA가 합리적인 것으로 인정되며, 금융업과 같은 자산 기반의 수익모델을 수행하는 기업의 경우 PBR이 우선 고려되기도 한다. 그 외에 매출액 기준 평가방법인 PSR 및 EV/Salse 평가법은 현재시점에 이익이 나지 않는 플랫폼 기업의 평가에 주로 이용되며, 평가대상회사의 종류에 따라 적절한 평가방법을 이용해야 한다.

구 분	산 식
PER	배수 $= \dfrac{\text{시가총액}}{\text{당기순이익}}$
PBR	배수 $= \dfrac{\text{시가총액}}{\text{자본총계}}$
PSR	배수 $= \dfrac{\text{시가총액}}{\text{매출액}}$
EV/EBITDA	배수 $= \dfrac{\text{기업가치}(EV)}{EBITDA}$
EV/Sales	배수 $= \dfrac{\text{기업가치}(EV)}{\text{매출액}}$

앞서 살펴본 바와 같이 손익계산서의 수익과 비용은 각각 현금의 유입액 및 유출액과 차이가 발생하는데 기업가치가 사업에서의 현금흐름에 따라 결정된다는 이론적 배경에 따라 가급적이면 회계상의 손익이 아닌 현금흐름에 따라 평가하려는 목적에서 EBITDA가 이용되기 시작하였다.

손익계산서의 영업이익은 기업의 본질가치를 구성하는 중요한 항목으로서 이 영업이익을 좀 더 현금흐름에 가깝게 변환하고자 손익항목 중 현금흐름과 큰 차이가 나는 대표적인 항목인 유형자산과 무형자산의 감가상각비를 조정하게 되었다. 즉, 영업이익(Earnings Before Interest and Tax, EBIT)에서 비현금비용에 해당하는 유무형자산의 상각비

(depreciation and amortization)를 더하여 회계의 영업이익을 좀 더 현금흐름에 가깝도록 계산하고자 한 것이다. 따라서 영업이익에서 유무형자산 상각비를 차감하기 전의 금액이라는 의미로 EBITDA(Earnings Before Interest and Tax, Depreciation, Amortization)로 표현하게 되었다. EBITDA는 IR자료나 사업계획서에서 영업의 성과를 표시할 때 주로 사용되고 위와 같이 가치평가에 사용하게도 하는 중요한 개념이다.

상대가치평가법은 신규로 기업공개를 통해 상장을 추진하는 경우 시가총액의 평가법으로 주로 이용되는데, 최근에 상장한 기업의 공시자료를 통해 평가절차를 학습해 보자.

동종기업 선정 → 배수(Multiple) 산출 → 가치평가

아래 회사는 2021년도 하반기에 상장을 추진하면서 새롭게 발행하는 주식에 대해 한 주당 25,000원의 가치로 평가하여 발행하였다. 이때 PSR에 따라 배수를 산출하여 적용하였는데 이 방법은 평가대상 회사와 같은 업종에 있는 회사들의 시가총액의 매출액 대비 배수를 산출할 수 평가하고자 하는 회사 매출액에 곱하여 시가총액을 계산한다.

[비교회사 선정 절차 및 결과]

요 건	세부 검토 기준	대상회사
모집단 선정	① 블룸버그 산업분류(Bloomberg Industry Classification Standards, BICS) 상 Level 4 분류가 Automotive Retailers(자동차 소매업)인 기업 ② 한국거래소가 인정한 '적격해외증권시장'에 상장되어 거래되고 있는 기업 ③ 블룸버그 기업개요(Company Description) 상에 중고차 관련 내용이 포함된 기업(used car, used automobile, used vehicle) ④ 분기별 재무수치 공시의무가 존재하고, 2021년 2분기 재무수치가 공시된 기업	Carvana Co, Carmax Inc, Lithia Motors Inc, Asbury Automotive Group Inc, Vroom Inc, 롯데렌탈(주), SK렌터카(주), Shift Technologies INC 등 27개사
재무 유사성	① 최근 3년(2019년~2021년 2분기 연환산) 연평균 매출액 성장률이 10% 이상인 기업 ② 분석일 현재 시가총액 3,000억원 이상인 기업	Carvana Co, Carmax Inc, Lithia Motors Inc, Asbury Automotive Group Inc, Vroom Inc, SK렌터카(주), Shift Technologies INC 등 10개사
사업 유사성	① 중고차 관련 매출 30% 이상인 기업 ② 온라인 중고차 플랫폼(매입 및 판매 가능) 보유한 기업	Carvana Co, Carmax Inc, Lithia Motors Inc, Asbury Automotive Group Inc, Vroom Inc, Shift Technologies INC 등 6개사
일반 요건	① 상장 이후 6개월 이상 경과하였을 것 ② 최근 6개월 간 거래정지, 관리종목 지정 등 기업가치에 중대한 영향을 주는 사건이 발생하지 않은 기업	Carvana Co, Carmax Inc, Lithia Motors Inc, Asbury Automotive Group Inc, Vroom Inc, Shift Technologies INC 등 6개사

먼저 회사는 같은 업종 내 모집단을 선정하고, 이후 재무적 유사성, 사업모델의 유사성 등을 고려하여 6개의 해외 기업을 동종기업으로 산출하였다.

[비교회사 P/S 거래배수 산출 내역]

(단위 : 백만달러, 배)

구 분	산 식	Carvana Co.	Carmax Inc	Lithia Motors Inc	Vroom Inc	Asbury Automotive Group Inc	Shift Technologies Inc
기준시가 총액	(A)	60,183	20,496	10,089	3,533	3,586	610
매출액	(B)	11,162	25,724	20,705	2,706	9,554	522
P/S	(C) = (A)/(B)	5.39	0.80	0.49	1.31	0.38	1.17
적용여부		○	○	○	○	○	○
적용 P/S 거래배수		1.59					

(출처) Bloomberg, 각 SEC Filings(10-K, 10-Q 등)

(주1) 기준시가 총액은 2021년 8월 26일 기준 1개월 평균 주가, 1주일 평균 주가, 분석일 주가의 최소값을 기반으로 산출하였습니다.

(주2) 매출액은 2021년 반기 연환산 매출액을 적용하였습니다.

이렇게 산출된 6개 동종기업의 매출액 대비 시가총액의 배수를 산출하여 그 평균으로 1.59의 배수를 결정하였다. 결국 평가하려고 하는 회사의 매출액에 이 배수를 곱하여 시가총액을 산정하였다.

[평가 시가총액 산출 내역]

구 분	산식	단위	내용
2021년 2분기 누적 매출액	(A)	백만원	910,584
연환산 매출액	(C)=(A)×2	백만원	1,821,167
적용 P/S 거래배수	(D)	배	1.59
평가시가총액	(E)=(C)×(D)	백만원	2,891,538

(5) 잔여이익법(Residual Income Method, RIM)

자본이 주주가 투자한 금액이라는 배경을 전제로 평가대상 회사의 사업에서 미래에 예상되는 세후이익이 산업의 평균수준을 초과하는 금액인 잔여이익을 산정 후 현재가치를 더한 금액에 자본의 기초 장부금액을 더해 시가총액을 계산하는 평가방법이다. 평가대상회사의 손익을 추정하여 평가하기 때문에 이익기준접근법에 해당하며, 앞서 설명한 현금흐름할인법에 평가에 비해 필요한 자료를 비교적 쉽게 입수할 수 있고 상대적으로 평가자의 주관이 개입될 여지가 적은 편이다.

2. 재무 데이터 분석 with Python

(1) 데이터 분석의 개요

재무회계는 사업에 관심을 가진 정보이용자에게 경제적 의사결정에 유용한 정보를 제공하는 것을 목적으로 한다. 정보이용자는 공시된 재무정보와 기타 다양한 원천에서 생산된 정보를 활용하여 주식, 채권과 같은 금융상품의 투자 의사결정이나 사업의 확장, 축소와 같은 경영의사결정에 이용하게 된다. 현재까지 학습한 재무제표의 작성 원리와 계정과목의 회계처리 특성을 고려한 분석이 그러한 의사결정에 도움을 줄 수 있다.

최근에 통계모델을 실무에 활용하는 분야로서 AI모델을 이용한 펀드의 운용이나 개인 여신평가를 위한 대안 신용분석 모델과 같이 재무데이터를 활용하기 위한 시도가 활발히 수행되고 있다. 이러한 분석모델의 개발은 분석에 필요한 방법론과 연산을 빠르게 수행할 하드웨어의 진보, 분석에 사용할 수 있는 방대한 데이터의 수집 등 여러 요소들이 종합적으로 발전한 결과라고 볼 수 있다.

(2) 파이썬의 개요

파이썬은 여러 가지로 장점이 많은 프로그래밍 언어인데 데이터 분석을 위한 코드 묶음인 패키지가 많고, 배우기가 어렵지 않아 대용량의 데이터에 대해 통계적인 분석을 수행하려는 비 IT직군 사람들에게 많이 이용된다. 실제로 IOT 환경에서 생산되는 폭발적인 양의 빅데이터 분석과 많은 연산이 필요한 인공지능 모델 개발에 파이썬이 주로 이용되어 인공지능 모델 개발을 위한 범용 패키지가 제공되어 있고, 재무분야에서 주로 이용하는 상장회사의 재무제표와 주가정보, 거시경제 데이터를 전문적으로 제공하는 패키지도 쉽게 접근할 수 있다. 따라서 전문적인 프로그래머 뿐만 아니라 타 직무의 사람들에게도 자신의 도메인에서 생산되는 데이터를 분석하기 위해 파이썬을 배우는 사람이 많아 온라인에서는 무료로 파이썬을 학습할 수 있는 곳도 많이 존재한다.

(3) 재무데이터의 종류

기업분석에 이용할 수 있는 재무 관련 데이터는 다트에 공시되는 공시정보 외에 분석의 목적에 따라 다양한 이종 데이터를 이용할 수 있다.

데이터 소스	데이터 종류
오픈다트 OpenDart	• 기업 재무제표, 비재무정보 • 기타 공시정보
야후 파이낸스 API	• 거시경제 : 환율, GDP, 금리 • 개별기업 : 주가
공공데이터포털(data.go.kr)	• 사업자등록번호 유효성 • 임직원 수
브이월드	• 주소 · 좌표 변환 • 지도 서비스

공공데이터포털은 [공공데이터의 제공 및 이용 활성화에 관한 법률]에 따라 중앙정부나 지방자치단체, 일정한 공공기관이 생산한 행정정보나 전자기록물을 제공하기 위해 개설된 사이트로 제공하는 데이터 중 부동산 실거래가 정보나 일기예보 등이 민간 서비스에 적극적으로 이용되고 있고, 지속적으로 신규 데이터가 공급되고 있다.

이렇게 외부에서 이용할 수 있는 데이터 소스는 데이터를 제공하는 방식에 따라 파일데이터와 API방식으로 나눌 수 있다. 파일데이터는 일반적으로 데이터를 이용하는 방식으로 우리에게 익숙한 Excel 프로그램으로 가공 가능한 xls나 csv의 확장자를 가진 데이터를 말한다. 이러한 데이터는 파이썬 뿐만 아니라 excel과 같은 전문 프로그램으로의 이용이 가능하다는 장점이 있지만 실시간으로 데이터의 수집이 필요하거나 데이터의 양이 많은 경우 이용하기 어려운 단점이 있다. 이를 보완하기 위해 데이터를 제공하는 서버에서 외부 이용자가 로컬 컴퓨터를 이용하여 바로 컴퓨터 간에 데이터를 요청하고 받아볼 수 있도록 제공하는 서비스가 API(Application Programming Interface)이다. API방식을 통해 미리 작성한 코드를 이용하여 주기적으로, 반복적으로 설정한 데이터를 실시간으로 받아 볼 수 있으며, 상기의 데이터 소스는 모두

API방식의 데이터를 제공하는 특징이 있다. 예를 들어 우리가 자주 사용하는 부동산 데이터 플랫폼의 경우 매일 거래되는 부동산의 실거래가를 제공하고 있는데 이는 공공데이터포털에서 제공하는 실거래가 정보 API를 이용하여 매일 데이터를 받아 업로드 할 수 있도록 자동화를 갖춰놓았다. 재무 분야에서도 Quant 분석 분야에서 실시간으로 거래되는 주가 등 데이터를 종합하여 자동으로 돌아가는 데이터 분석 시스템을 갖춘 사례가 있다. 따라서 API 형태의 데이터는 이용자의 편의를 높여 이용가능성을 높인 것이라 할 수 있다.

이러한 API 제공 방식은 데이터를 제공하는 서버에게는 요청량이 높은 경우 큰 부담이 될 수 있는데, 가급적 많은 사용자에게 활용할 수 있는 기회를 주기 위해 대부분의 서비스 제공가는 이용자에게 API를 이용할 수 있는 한도를 설정하고 있는데, 이는 이용자를 식별할 수 있는 Key값을 제공하여 API를 요청하게 하는 방식으로 주로 이용된다. 따라서 API를 이용하기 전에 이용자는 회원가입 후 API Key를 받아 사용해야 한다.

(4) 데이터 분석의 절차

파이썬을 이용한 데이터 분석은 일반적으로 데이터의 수집, 데이터의 전처리를 포함한 가공과 분석 모델을 적용한 분석 결과로 나누어 단계적으로 수행된다. 데이터는 파일형식과 API에 따라 수집될 수 있는데, 이렇게 수집된 이종의 데이터는 데이터 소스별로 별도의 형식에 따라 만들어지기 때문에 이를 하나의 분석을 위해 사용될 수 있도록 형식을 맞추고 결측치를 조정하는 등의 전처리가 필수적으로 수행된다.

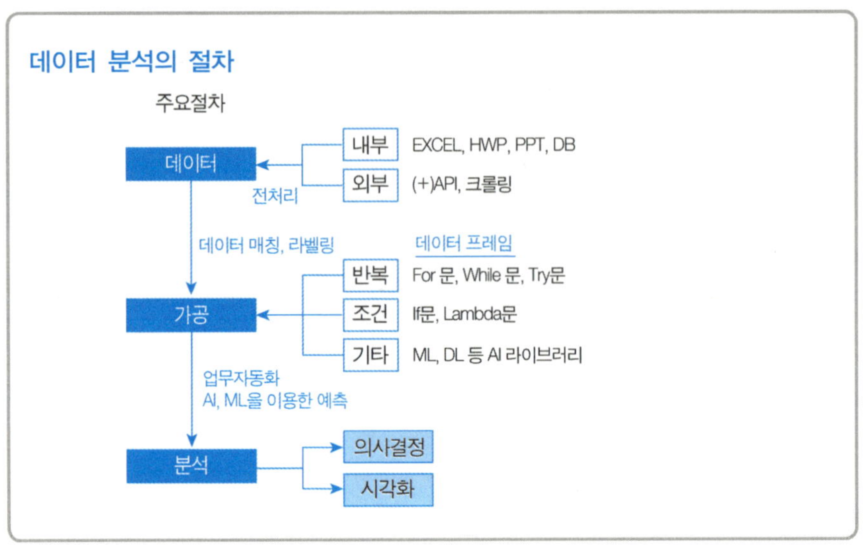

데이터의 전처리는 데이터 분석에서 가장 많은 시간과 노력이 필요한 항목에 해당하며, 이를 위해 파이썬에서 제공하는 여러 단계의 연산을 적용하기 위한 자동화 코드를 만들어 두는 것이 좋다. 일반적으로 재무 데이터는 숫자의 단위를 통일하고 날짜 및 시간이 적용된 시계열 데이터가 많아 시간의 단위나 주기를 어떻게 통일할지 결정이 사전에 필요하다.

전처리된 데이터는 업무자동화나 예측모델과 같은 분석의 목적에 따라 코드를 작성하게 되는데 코드를 작성하기 전에 해당 분야에서 사용할 수 있는 라이브러리를 확인하여 적극적으로 이용한다면 코드 작성의 시간을 크게 단축할 수 있으며, 최종 분석의 결과물의 형태나 제공 방식을 고려하여 설계를 수행할 필요가 있다. 일반적인 데이터 분석에서는 결과를 이해하기 쉽도록 그래프나 이미지와 같은 시각화를 수행하는 경우가 많은데, 파이썬에서 사용할 수 있는 시각화 라이브러리를 참고하도록 하자.

(5) 파이썬 학습 전 알아둘 사항

1) IDE가 뭐죠?

파이썬 코드작업을 쉽게 할 수 있게 도와주는 프로그램이다. 예를 들어 인터넷을 하기 위해서는 유선랜/WIFI를 이용할 수 있다. 마찬가지로 우리가 원하는 작업을 위해 파이썬/JAVA/C++ 등을 선택할 수 있다. 또한 인터넷에 연결되었을 때 사람에 따라 인터넷 사용을 위한 프로그램이 필요한데 Chrome/explorer/firefox 등이 그것이고, 마찬가지로 실질적인 코딩을 위해 사람마다 원하는 환경을 제공하는 Pycharm/Jupiter notebook 등을 이용한다. 코드를 배우기 시작한 초반에는 한 줄 쓸 때마다 에러가 발생하므로 누적 진행방식인 Jupiter notebook을 이용하길 추천하고 이후에 기호에 따라 Pycharm 이용을 고려해 볼 수 있다.

2) 모듈(패키지)의 공유와 이용

파이썬이 기존에 존재하는 프로그램 언어 가운데 범용성이 상대적으로 높은 이유는 코드를 만들기 쉽다는 것과 다른 사람들이 이미 만들어 놓은 다양한 모듈과 패키지를 쉽게 이용할 수 있는 장점이 있기 때문일 것이다. 모듈은 검색을 통해 찾아 download 받은 후 "Import" 명령을 통해 이용할 수 있다.

3) 파이썬은 문자로 명령을 내린다.

윈도우와 office가 graphic을 통해 작업을 수행한다면 파이참을 이용한 파이썬의 코드작업은 character를 이용하기 때문에 마우스는 거의 이용하지 않는다. 따라서 문자로 작업하는 방식에 익숙해질 필요가 있다. 또한 문자로 문자열(알파벳/한글 나열), 숫자(정수, 실수) 등을 표현할 수 있는데 파이썬에서 이용할 다양한 모듈은 만들어질 때부터 입력받을 명령어의 자료형을 정해놓았다. 따라서 이용하고자 하는 모듈과 연산작업에서 데이터를 어떤 자료형으로 만들어야 할지 고려해야 하며, 이를 위해 자료형의 종류와 특징, 변환방법도 이해할 필요가 있다.

4) 자료형을 잘 맞추어야 한다.

내가 파이썬을 통해 입력하고 가공하고 내보내고 저장하는 자료는 다양한 유형을 가진다. 숫자(정수, 실수 등)형, 문자형 등, 그리고 숫자형에 진법에 따라(우리는 10진법이 익숙하다) 또 분화된 숫자형이 존재한다. 앞서 파이썬에서는 이미 만들어진 다양한 모듈과 함수가 있다고 했는데 이 모듈과 함수들은 각자 만들어질 때 모듈과 함수를 이용하기 위해 입력받는 자료형이 제한된 경우가 많다. 따라서 어떤 자료형이 필요한지, 어떻게 자료형을 변환할지에 대해 준비할 필요가 있다.

5) 순서는 0부터 시작한다.

데이터의 위치를 지정하거나 연산시에 자료의 순서를 입력할 때에는 항상 0부터 시작하는 순서를 고려해야 한다. 예를 들어 테이블 2번째 행이라면 행 번호는 1번이 될 것이다.

6) 파이썬의 모든 명령은 할당으로 시작된다.

파이썬에서 자료를 만들고 가공하고 보내고 저장할 때에는 이를 간편하게 이용하기 위해 임의로 만든 단어에 모든 정보를 할당해서 이용한다. 특정 자료(숫자, 데이터, 표, 파일 등등)를 필요할 때마다 매번 경로를 지정해서 불러오기보다 한번 불러와 단어에 할당한 뒤로 계속 그 단어를 갖다 쓰면 훨씬 간단하기 때문이다.

따라서 파이썬 초반에는 할당의 개념을 이해하고 자유롭게 이용할 수 있도록 체득할 필요가 있다.

7) 인코딩(Encoding)과 디코딩(Decoding)

pycharm에서는 한글로 변수를 이용할 수 있지만 구동환경이 달라지는 경우 이용이 어려워질 수 있다. 이때 한글을 이용할 수 있는 환경을 만들어주거나 코드 내에서 한글 변수를 인식할 수 있도록 인코딩/디코딩할 수 있다. 작업내용을 "csv"파일로 저장하거나 저장된 "csv"파일을 불러올 때 "encoding = 'utf-8-sig'"이라는 명령을 쓰는 것을 보게 될 것이다.

8) 코드의 실행 순서

파이참에 기록한 코드는 기재된 순서대로 실행된다. 따라서 자료를 가공하고 분석하는 순서대로 코드를 기재해야 하며, 기재한 모든 코드가 실행되고 끝나고 나면 코드 실행도 멈추게 된다.

9) 영문 typing의 이용

모든 코드작업은 영문으로 수행해야 한다.(변수 등 이름 지정은 국문 가능) 따라서 영문타자가 어색하다면 학습 초반에 반복적인 영문 코드 작업에 시간이 많이 소요될 수 있다.

10) 다양한 오류메시지에 대한 적응력

학습 초반에는 코드 실행이 멈추며 다양한 오류를 쏟아낸다. 시간이 지나면 오류 유형이 익숙해져 오류발생 빈도와 수정작업 시간이 크게 줄어들지만 학습 초반에는 흥미를 크게 떨어뜨리는 중요한 요인에 해당하니 인내심을 갖고 차근차근 대응해 나가자.

(6) 구글 코랩(Google Colab) 노트 환경

파이썬 코드를 만들어 실행하기 위해서는 실행 환경이 필요하다. 코랩은 구글에서 서비스하는 웹기반 작업환경으로 gmail의 가입으로 간단하게 무료로 사용할 수 있다. 아래의 절차를 참고하여 코랩에 가입한 후 코드를 작성할 수 있는 노트 창을 열어보자.

1) 구글 코랩(Colab) 가입하기

코랩은 웹브라우저를 통해 접속해야 하는데 MS의 Edge나 Google의 Chrome 모두 가능하지만 혼자 자주 이용하는 기기라면 Chrome 브라우저를 설치하여 이용하는 것이 이용하기에 편할 수 있다.

① 구글 코랩 접속 (https://colab.research.google.com/)

② 우측 상단 로그인 클릭

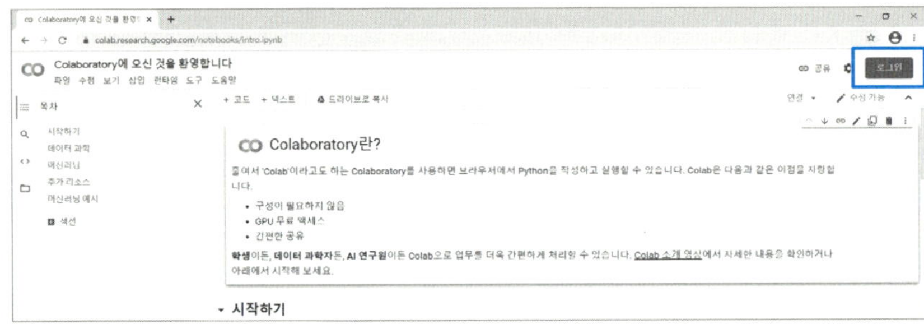

③ 구글아이디 로그인(아이디/패스워드 입력)

사전에 보유 중인 구글 아이디가 없다면 가입하여 아이디를 생성하도록 하자.

Google
로그인
Google 계정 사용
이메일 또는 휴대전화
이메일을 잊으셨나요?
내 컴퓨터가 아닌가요? 게스트 모드를 사용하여 비공개로 로그인하세요. 자세히 알아보기
계정 만들기
다음
한국어
도움말 개인정보 보호 약관

④ 메뉴 〉 파일 〉 새노트 클릭

기존에 코랩을 이용한 내역이 있다면 작업하던 파일을 바로 열 수 있도록 팝업메뉴가 등장한다. 작업을 이어하려면 목록에서 작업 파일을 클릭하고, 새 노트를 열고 싶다면 하단의 새 노트 버튼을 클릭한다.

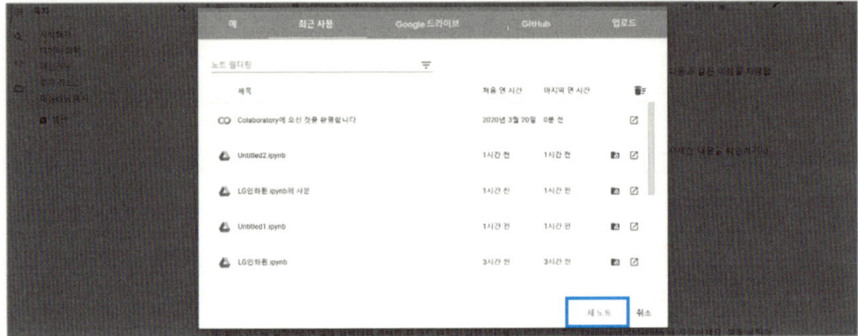

⑤ 좌측 상단에 "Untitled.ipynb"를 클릭하여 파일 이름을 원하는 이름으로 변경하기

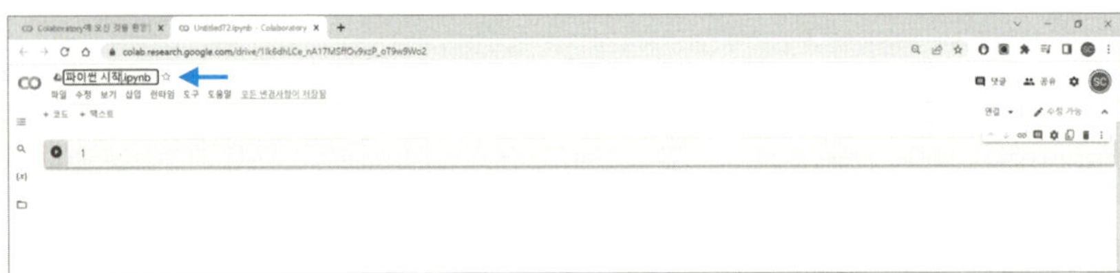

파일 이름을 변경하고 나면 나중에 코랩 시작 화면에서 클릭하여 창을 열고 작업을 이어할 수 있다.

⑥ 코드 셀에 print("hello python!") 입력하기

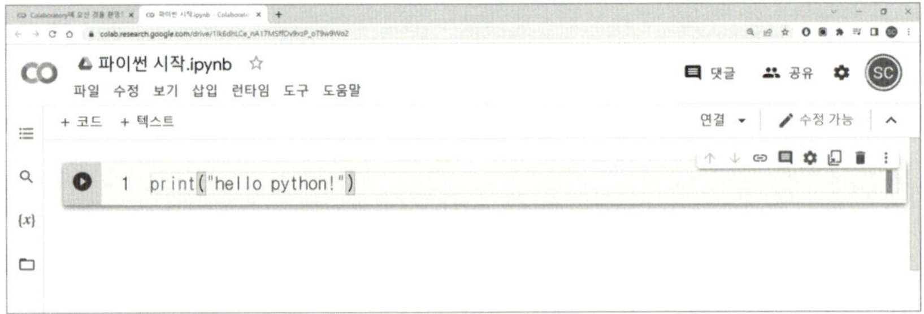

⑦ 좌측 Run 버튼 클릭

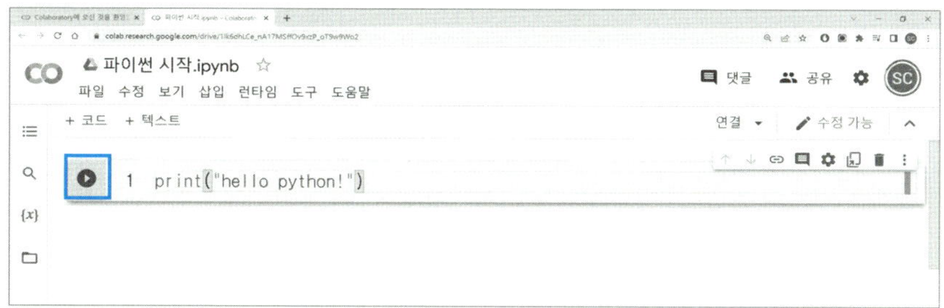

코드셀에 작업한 코드는 코드셀 좌측에 있는 세모 버튼(Run)을 클릭하여 실행할 수 있다. Run버튼은 각 코드셀 별로 존재하며 해당 코드셀만을 실행한다. 보통 작업을 구분하여 코드를 작성할 필요에 따라 코드를 셀 별로 나누어 작성하기 때문에 전체 작업 문서 내에 여러 개의 코드셀을 만들고, 원하는 코드셀을 먼저 실행하여 필요한 작업을 수행하게 된다.

⑧ 결과 확인하기(완료)

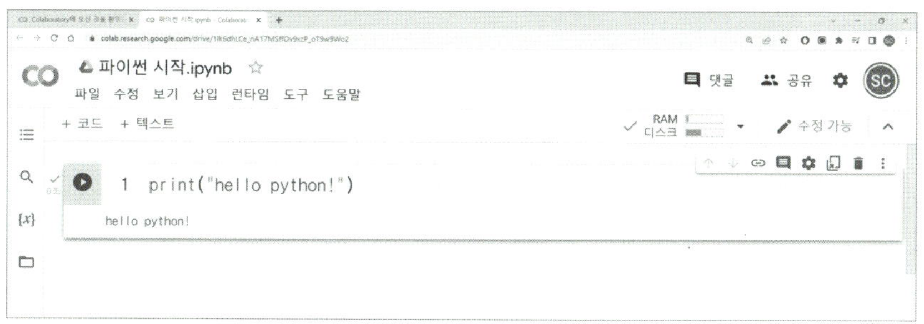

코드셀에 출력이 필요한 코드가 있는 경우 실행시 하단에 결과창이 생성되고 결과가 출력된다. 이 결과창은 좌측으로 마우스를 가져가는 경우 삭제할 수 있는 버튼이 생성된다.

⑨ 코드셀 생성하기/삭제하기

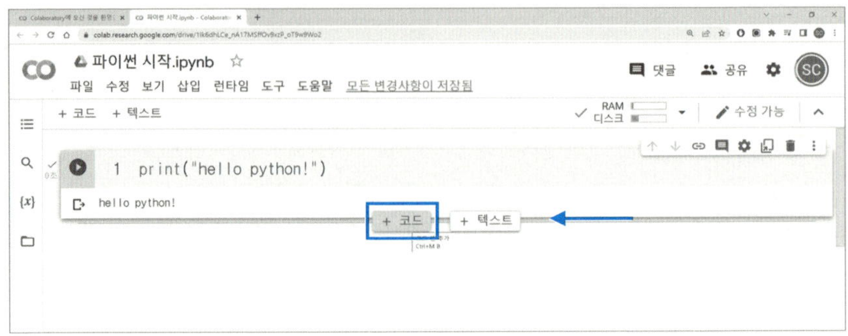

하나의 문서 안에 코드셀은 자유롭게 추가와 삭제가 가능한데, 일반적으로 코랩 환경에서 코드를 작성하는 경우 구분이 필요한 작업 별로 코드셀을 생성하여 작성하는 경우가 많다. 이 경우 원하는 코드셀을 먼저 실행하거나 한 코드셀을 반복하는 등의 작업 절차 조정이 쉽고, 중간에 새롭게 코드셀을 추가할 수 있어 활용도가 높아진다.

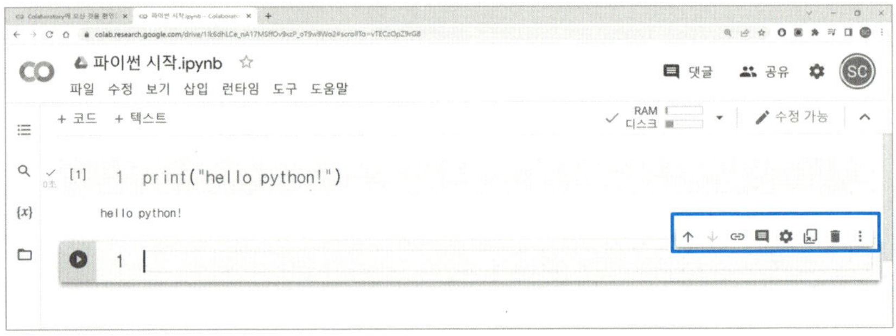

작업 중인 코드셀의 우측 상단에는 해당 코드셀에 대한 메뉴가 등장하는데, 이 중 우측의 휴지통 모양 버튼을 누르면 코드셀을 삭제할 수 있다. 만약에 코드셀을 잘못 삭제하였다면 Ctrl+M+Z 버튼을 눌러 되돌릴 수 있다.

2) 오픈다트 인증키 신청 (https://opendart.fss.or.kr/)

외부로 공개된 데이터 소스 중 API를 열어 서비스하는 곳들은 과도한 서비스 요청을 방지하기 위해 요청자를 식별하고 서비스 요청의 한도를 설정한다. 이를 위해 미리 공식 웹페이지에 회원가입을 하도록 하고, 가입된 회원에게 API를 요청할 때 사용할 수 있는 "API KEY"를 부여한다. 이 API KEY는 10자리 이상의 숫자와 문자로 구성된 값이 일반적인데 이 키를 포함하여 데이터를 요청하면 서버에서는 이를 인식하여 사용자를 식별하고 요청한도를 관리하게 된다. 따라서 이 KEY값은 가급적 보안에 신경을 써야 하며, 유출된 것으로 생각되는 경우 해당 웹페이지에 갱신을 신청하여야 한다.

금융감독원 전자공시에서 제공하는 공식 API서비스로 오픈다트(Open Dart, https://opendart.fss.or.kr/)라는 별도의 웹페이지를 만들어 서비스 중이다. 이곳에서 회원가입을 완료하면 상단의 "인증키 신청/관리"메뉴에서 "오픈API 이용현황" 탭을 눌러 키를 확인할 수 있으며, "개발가이드" 메뉴에서 제공하는 데이터의 공식 문서와 예시코드를 이용할 수 있다.

3) 공공데이터포털 인증키 신청 (https://www.data.go.kr/)

정부에서 운영하는 "공공데이터포털"에서는 중앙정부나 지방자치단체, 공공기관에서 생산한 데이터를 공개하고 있다. 이 곳에서 제공하는 데이터는 CSV와 같은 파일 형태나 API 모두 존재하며, API데이터를 이용하기 위해서는 미리 회원가입 후에 데이터 별로 활용신청을 해야 한다. 대중적으로 많이 알려진 부동산 실거래가 데이터의 신청을 수행해 보도록 하자.

① 공공데이터포털 회원가입 및 로그인

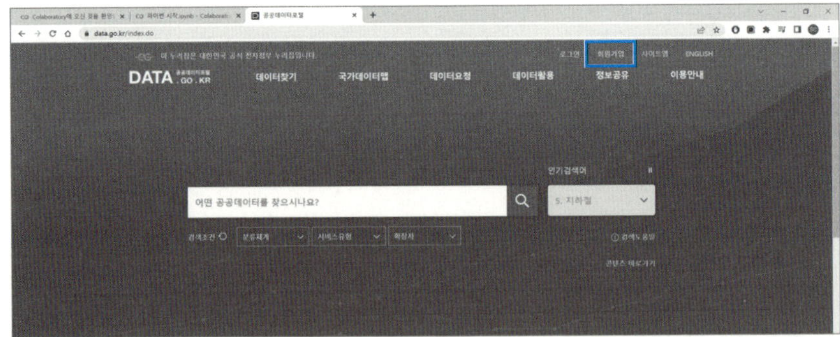

공공데이터포털의 회원가입 절차는 복잡하지 않다.

② "공동주택 단지 목록제공 서비스" 검색 및 클릭

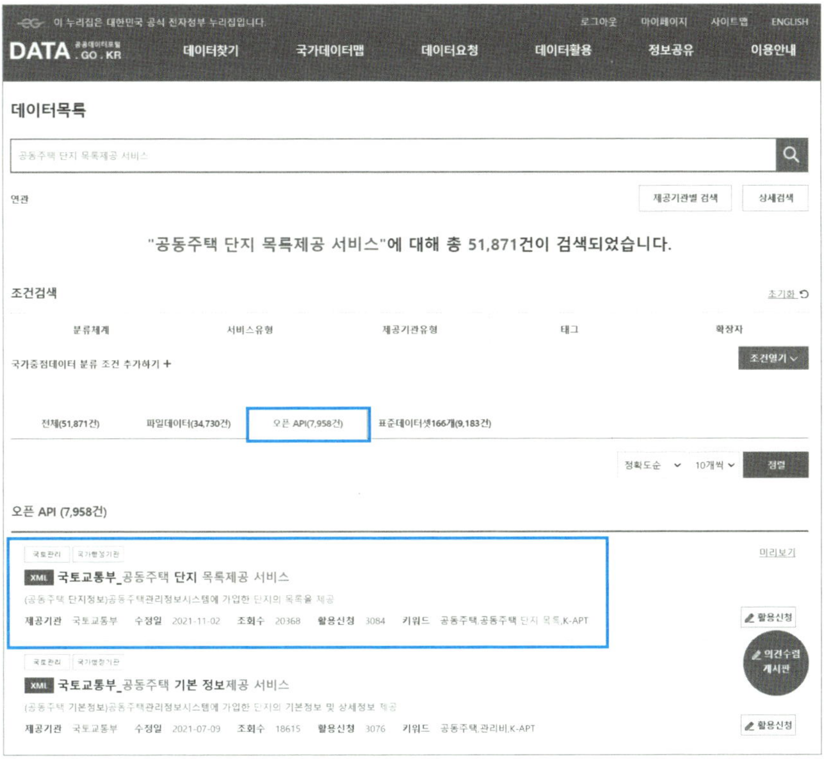

이 누리집은 대한민국 공식 전자정부 누리집입니다. 로그아웃 마이페이지 사이트맵 ENGLISH

DATA 공공데이터포털 .GO.KR 데이터찾기 국가데이터맵 데이터요청 데이터활용 정보공유 이용안내

데이터목록

공동주택 단지 목록제공 서비스

연관 제공기관별 검색 상세검색

"공동주택 단지 목록제공 서비스"에 대해 총 51,871건이 검색되었습니다.

조건검색 초기화

분류체계 서비스유형 제공기관유형 태그 확장자

국가중점데이터 분류 조건 추가하기 + 조건열기

전체(51,871건) 파일데이터(34,730건) 오픈 API(7,958건) 표준데이터셋166개(9,183건)

정확도순 10개씩 정렬

오픈 API (7,958건)

국토관리 국가행정기관 미리보기

XML 국토교통부_공동주택 단지 목록제공 서비스

(공동주택 단지정보)공동주택관리정보시스템에 가입한 단지의 목록을 제공

제공기관 국토교통부 수정일 2021-11-02 조회수 20368 활용신청 3084 키워드 공동주택,공동주택 단지 목록,K-APT 활용신청

국토관리 국가행정기관 의견수렴 게시판

XML 국토교통부_공동주택 기본 정보제공 서비스

(공동주택 기본정보)공동주택관리정보시스템에 가입한 단지의 기본정보 및 상세정보 제공

제공기관 국토교통부 수정일 2021-07-09 조회수 18615 활용신청 3076 키워드 공동주택,관리비,K-APT 활용신청

위의 검색어로 검색하면 전체 검색결과가 표시되는데 이중 오픈API 탭을 클릭하면 API형태로 제공하는 서비스만 정렬할 수 있다. 해당 목록에서 원하는 서비스를 클릭하면 기본 문서를 다운로드 할 수도 있고, 활용신청을 할 수도 있다.

③ 활용신청

"활용신청" 버튼을 눌러 API키를 받기 위한 신청을 수행한다. 활용신청은 "개발계정"과 "운영계정"으로 나누어 신청할 수 있는데 개발계정은 운영계정 대비 필요한 요건이 적고 상대적으로 이용 한도도 적은 편

이다. 단순한 데이터 이용목적으로는 개발계정도 충분하니 개발계정으로 신청한다.

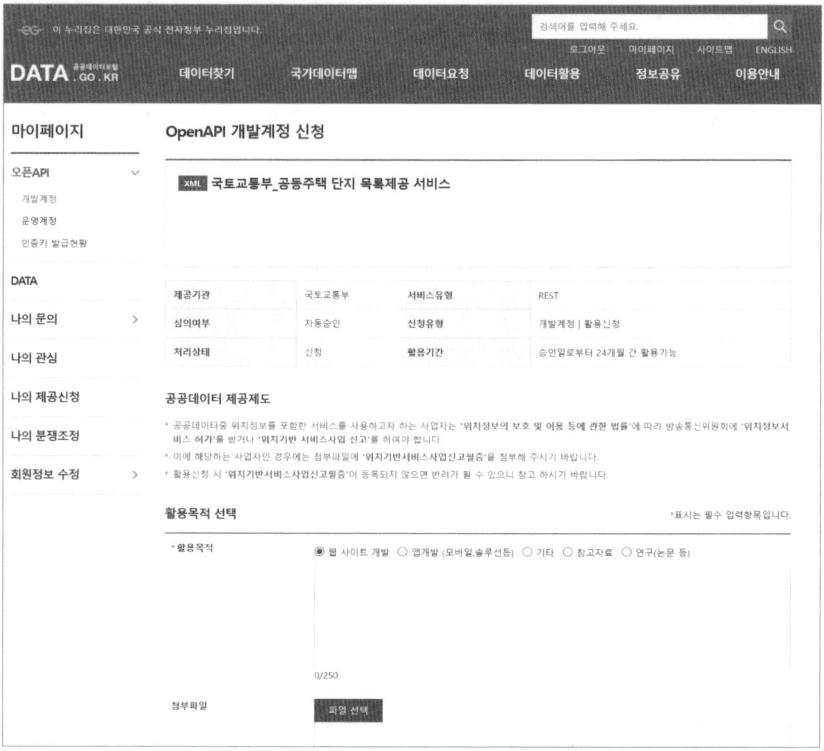

활용목적은 기타를 선택 후 스터디라고 기입하고, 첨부파일은 넣지 않아도 된다. 하단에 이용허락범위에 동의하고 활용신청을 누르면 신청이 완료된다.

④ "인증키 획득 확인"

상단 메뉴에 "마이페이지" 〉 좌측 "오픈API"에 "인증키 발급현황"을 클릭하여 내가 발급받은 인증키를 확인할 수 있다.

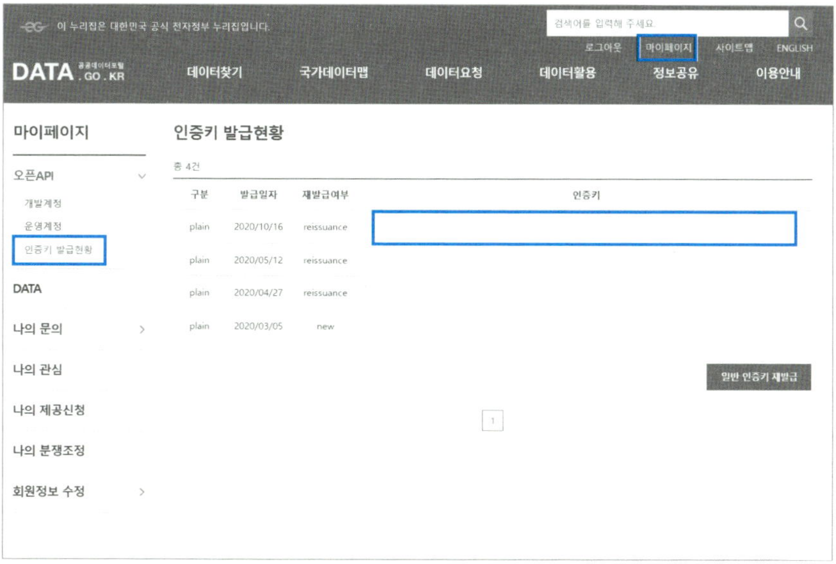

공공데이터포털에서 제공하는 API의 모든 키값은 동일하다. 단지 사용자가 할당받은 키를 이용하여 요청할 수 있는 서비스가 달라지는데, 일반적으로 신청 후 24시간 이내에 사용가능하지만 신청한 API에 따라 주관기관에서 처리하는 기한이 다르다 보니 3일 정도는 기다리며 테스트를 해본 후에 안된다면 담당자에게 연락을 해보도록 하자.

⑤ 같은 방식으로 "국토교통부 – 아파트매매 실거래 상세 자료", "국토교통부 – 아파트 전월세 자료" 활용 신청

본 단원 마지막에 저자의 블로그(tacoz.net)를 소개하고 동 블로그에 파이썬 코드의 연습과 예시 코드가 수록된 코랩파일을 제공하고 있는데, 여기에서 이용하는 여러 API를 이용하기 위해 API서비스를 이용할 수 있는 독자의 API KEY가 필요하니 미리 신청하여 놓도록 하자.

4) 브이월드 인증키 신청

부동산 데이터를 이용한 분석에서는 부동산 데이터의 특징값(feature) 중 가격이나 면적과 함께 중요한 항목이 주소(위치)이다. 부동산 물건의 위치가 그 가격에 중요한 영향을 미치기 때문이다. 그런데 이 위치를 잘 활용하기 위해서는 지도에 표시하여 시각화하거나 물건 간의 거리를 계산하는 등의 작업이 필요한데, 이를 위해서는 위치데이터를 주소가 아닌 위도와 경도 값으로 표시할 필요가 있다.

브이월드는 국토교통부에서 운영하는 공간정보 플랫폼으로 공식 지도서비스나 주소변환 등 전문 서비스를 제공하는데 이 곳의 데이터도 API의 형태로 서비스 중이다. 모든 서비스는 회원가입 후에 인증키를 받아 사용할 수 있으며, 가입 및 인증키 신청 방법을 영상으로 제공하고 있으니 (https://youtu.be/UEhVDEJ7Qtg) 필요한 경우에 참고하시기 바란다.

(7) 데이터 분석을 위한 기초 파이썬 코드

이제부터는 파이썬을 이용한 데이터 분석을 간단하게 실습하고자 한다. 기본적인 동작을 수행하기 위해 숙지해야 할 파이썬 코드는 그다지 많지 않은데, 물론 같은 동작을 수행하도록 더 빠르고, 더 적은 자원을 사용하도록 작성하는 코드가 더 python에 적합하겠지만 이는 경험을 쌓다보면 자연스럽게 학습하게 될 것이다. 따라서 초심자로서는 아래의 기본 구문을 이용하여 목적한 동작을 수행하는 코드를 작성하여 보고, 다량의 데이터 분석시에 발생하는 시간의 비효율을 제거해 나가는 방식으로 연습을 해 나가길 바란다.

1) 라이브러리(패키지)

파이썬을 데이터 분석에 이용할 때 가장 큰 장점은 분석을 하기 위해 이용할 수 있는 코드의 묶음인 라이브러리(패키지)를 이용할 수 있다는 점이다. 데이터 분석에 사용할 모든 라이브러리를 여기에서 배울 수는 없지만 기초적인 항목들을 배우고, 이후에 필요한 것들은 검색을 통해 학습할 필요가 있다. 라이브러리를 사용하기 위해서는 사전에 해당 라이브러리의 문서를 확인해 보는 것이 좋다. 문서 페이지는 원하는 기능을 검색하거나, 라이브러리의 이름을 구글에 검색하여 찾을 수 있는데, 문서에는 해당 라이브러리 내의 전체 기능(함수)과 기능별 예시 코드가 수록되어 있다.

코드는 맨 윗줄에서 순차적으로 실행되는데 이때 행의 제일 앞 단어가 샵(#)으로 시작되면, 그 행 전체를 파이썬은 실행하지 않는다. 이렇게 행의 맨 앞단어가 샵으로 시작되는 행을 "주석"이라고 부르며 코드를 작성하거나 리뷰하는 사람들이 코드에 대한 설명을 하거나 작업 과정에서 안내를 위해 사용한다.

연산자/함수	설 명	예시
pip	라이브러리를 설치하거나 설치된 항목을 관리하기 위해 이용하는 함수	pip install
import	컴퓨터나 colab 환경에 설치된 라이브러리를 현재 작업 중인 코드에 사용하기 위해 불러오는 함수	import import as

아래 코드를 창에서 실행하면 pip 부분에서 라이브러리를 설치하고, import는 별도의 결과가 표시되지 않는다.

예시 코드

```
# 라이브러리 설치하기(pip)
!pip install pandas-datareader
!pip install -U finance-datareader

# 라이브러리 불러오기
import pandas as pd
import pandas_datareader.data as web
import datetime
import FinanceDataReader as fdr
```

2) 변수

변수는 일정한 데이터를 담아두는 공간(container)으로 작성자가 원하는 이름을 지어 만들고 데이터를 할당하여 사용한다. 변수는 코드를 작성하는 방식인데 일정한 동작을 반복하거나 반복적으로 사용되는 데이터를 저장해 두고 싶은 경우와 같이 파이썬을 이용하는 대부분의 목적으로 문서 전체에 전반적으로 사용된다.

연산자/함수	설 명	예시
변수	변수명 = 넣고자 하는 데이터의 방식으로 작성하며 오른쪽의 데이터를 왼쪽 변수에 할당할 때 등호(=)를 사용	start = 1

변수에 무엇이든 할당하기 위해서는 등호(=)를 이용하는데 변수이름을 등호의 왼쪽에 쓰고 넣고자 하는 것을 오른쪽에 쓰면 등호를 기준으로 오른쪽의 데이터가 해당 변수의 이름으로 저장된다. 변수는 대부분의 코드에서 사용되니 별도의 예시 코드 없이 넘어가도록 한다.

3) 자료형, 연산자

코드를 작성하기 위해 작성자가 직접 입력하는 항목은 연산자와 자료로 구성된다. 작성자가 작성하게 될 모든 명령문에는 연산자를 포함하게 되는데 연산자는 무언가를 계산할 때 쓰이는 한 기능을 뜻하며,"+"와 같이 기호로 나타내거나 특별한 키워드로 표현한다. 또한 연산자는 계산에 사용될 데이터를 필요로 하는데, 이들을 피연산자(데이터)라고 부르며 피연산자는 특정한 자료형을 가진다.

연산자의 종류는 매우 다양하여 이 책에서 모두 소개하기는 어렵고 기본 연산자를 학습 후 필요한 것들을 배워가나가야 한다.

연산자/함수	설 명
연산자	할당(=), 불리언(==, !=, 〈, 〉=, and, not, or,), 수식(+, -, *, /, **), 몫(//), and, &, or, | 등
자료형	숫자형 : 정수형 : int( ), 실수형 : float( )
	문자형 : str( ), ' ', " "

할당 연산자(=)는 변수에 무엇인가를 넣고자 하는 경우에 사용하며 등호를 두 번 연속으로 사용하는 불리언 연산자와 구분하여야 한다. 불리언 연산자는 연산자 전후에 기록된 내용을 비교하는 동작을 수행하며 결과값으로 True나 False를 내는 공통점이 있다. 그 밖에 수식 연산자는 수학적으로 사용하는 기호 그대로 사용한다.

자료형은 파이썬에서 이용하는 데이터의 형식을 의미하는데 우리가 사용하는 숫자와 문자 형태의 데이터를 각각 숫자형 데이터, 문자형 데이터로 표현하며 자료형에 따라 연산자의 연산이 달라지게 된다.

연산자와 자료형은 서로 대립하는 개념이 아니기 때문에 대부분 하나의 코드 구분에 동시에 사용된다. 따라서 아래의 예시코드를 통해 연산자와 자료형을 동시에 연습해 보도록 하자.

예시 코드

```
a = 1
print(a, type(a))
b = str(a)
print(b, type(b))
c = str(1)
print(c, type(c))
e = float(c)
print(e, type(e))
f = int(d)
print(f, type(f))
a = "123"
b = "456"
c = a + b

a = int("123")
b = int("456")
c = a + b

# 문자열의 슬라이싱(slicing): 자릿수, 뒤에서부터 세는 자릿수
a = "반나절회계기초"
print(a[0:3])
```

4) 판다스(Pandas)

파이썬에서 우리가 주로 사용할 데이터는 행과 열이 있는 table형태를 가지고 있을 가능성이 높다. 이를 정형데이터라고 표현하는데 글과 언어, 음악 등과 같이 정해진 형태 없이 나열된 데이터를 비정형데이터로 부르는 것과 대비된다. 대부분의 전통적인 데이터는 엑셀 프로그램으로 가공되는 경우가 많고 우리에게도 가장 익숙한 형태이기 때문에 파이썬에서 정형데이터를 불러오고 가공하기 쉽도록 제작된 라이브러리가 판다스(Pandas)이다.

판다스는 시리즈(Series)와 데이터프레임(DataFrame)의 두가지 데이터 형태를 정의하는데 데이터프레임이 행과 열이 있는 데이터 형태로 가장 보편적으로 사용된다. 향후 실습에서 데이터프레임으로 엑셀 데이터를 불러와 전처리 하고 가공하여 결과를 엑셀이나 csv파일로 저장하는 방식의 코드를 연습하게 될 것이다.

아래에 판다스에서 데이터프레임 데이터를 이용할 때 주로 사용하는 코드 구문이 있으니 참고하도록 하자.

종 류	입 력
선언	Import pandas as pd 판다스 라이브러리를 불러올 때 보통 pd로 축약하여 사용
생성	df = pd.DataFrame( ) 데이터프레임을 생성하며 변수에 할당
파일 불러오기	df = pd.read_csv("/content/1.csv") 특정 경로에 있는 파일을 불러올 때 사용하며, 괄호 안에 경로를 지정. 엑셀파일은 read_excel과 같이 파일의 형태에 따라 사용하는 함수가 다름
인덱스 리셋	df.reset_index( ) 데이터프레임의 행번호를 초기화하고 0부터 1씩 증가하는 행번호를 새롭게 부여할 때 사용
파일 저장	df.to_csv( ), to_excel( ), to_html( ), to_json( ) 변수에 저장된 데이터를 원하는 형태로 저장할 때 사용하며 괄호 안에 경로를 지정함
중복 지우기	df.drop_duplicates() 특정 열이나 행에 있는 데이터 중 중복된 값을 삭제
추가하기	df.append, df.concat 데이터프레임에 행이나 열을 추가

판다스의 데이터프레임은 정형데이터를 다루는 문서 전반에 걸쳐 계속 수행되니 아래 예시 코드 외에도 예시 문서를 직접 따라 작성하면서 연습하도록 하자.

예시 코드
apt_raw = pd.read_csv("//content//apt_code.csv", encoding='utf-8') print(apt_raw)

5) 집합형 자료구조

데이터를 가공하다 보면 데이터가 일정한 형태로 묶여있는 형태가 필요할 경우가 많다. 앞서 보았던 판다스의 데이터프레임도 행과 열을 가진 table의 형태로 해당 형식에 맞는 데이터를 묶어 가공하는데 사용되듯이 행과 열이 아닌, 단위 데이터를 모아두거나(리스트), 그 단위 데이터의 묶음을 데이터 수정이 불가능하도록 지정(튜플)하거나, 키(key)와 데이터의 쌍으로 자료를 가공(딕셔너리)할 필요가 있을 수도 있다. 이렇게 필요에 따라 데이터를 묶어 사용하는 종류는 아래와 같다.

종류	입 력	특 징
집합형	리스트 : [ ], 튜플 : ( ), 딕셔너리 : { }, 데이터프레임 : pd.DataFrame()	변수/숫자/문자의 집합

파이썬 초기에는 집합형 데이터 중 가장 사용이 쉬운 리스트의 사용빈도가 높고 이후에 데이터의 이용 방식에 따라 딕셔너리와 튜플을 사용하게 된다. 각 데이터 형태의 기본적인 함수를 배우고 직접 사용해 보도록 하자.

예시 코드

```
# 리스트(list)
a = []
a = list()

a = [1, 2, 3, 4]
print(a, type(a))

a = [1, 2, 3, 4, 5]
print(a)

a.append(6)
print(a)

# del은 자리번호로 지우기
del a[2]

# remove(x)는 리스트에서 첫 번째로 나오는 x를 삭제하는 함수
a.remove(2)

# 리스트 슬라이싱
print(a[0])
print(a[-1])
print(a[0:2])

a = [1, 2, 3, 4, 5, 6]
b = [7, 8, 9]

print(a+b)
print(len(a+b))

# 딕셔너리 dict(), {}
a = dict(), {}
a = {}
a[1]= "윤상철"
a[2]= "회계사"
print(a)
```

집합형 데이터는 종류별로 연산에 사용하는 연산자가 달라진다.

연산자/함수	설 명	예 시
len()	길이 계산	len([1, 2, 3])
+	2개의 집합형 연결	[1, 2] + [3, 4, 5]
*	반복	['Python!'] * 3
in	소속	3 in [1, 2, 3]
not in	소속되지 않음	5 not in [1, 2, 3]
[ ]	인덱싱	A[1]
min()	가장 작은 요소	min([1, 2, 3])
max()	가장 큰 요소	max([1, 2, 3])

6) 반복문(Loop)

일반적으로 데이터를 다루는 방식인 엑셀과 같은 상용프로그램과 비교해서 파이썬을 이용하는 장점이라면 대용량의 데이터를 관리할 수 있다는 점과 엑셀로는 하기 어려운 특정한 조건과 반복으로 구성된 동작을 할 수 있다는 점을 생각해 볼 수 있다. 반복문은 일정한 코드의 구문을 정해진 횟수(for)만큼 혹은 무한히 반복(while)하도록 만들 때 이용한다.

일반적으로 for를 이용한 반복문이 자주 사용되는데 for를 통한 반복문을 작성하기 위해서는 (반복될 구문)과 (반복할 횟수), 그리고 반복하는 과정에서 (변경될 변수)를 정할 필요가 있다. 따라서 for를 이용한 반복문은 아래와 같은 구조로 작성된다.

```
for (변수이름) in (변수에 넣을 데이터 pool):
    (반복될 구문1)
    (반복될 구문2)
    (반복될 구문3)
    (반복될 구문4)
```

위와 같은 구조에서 먼저 (반복될 구문)은 앞에 일정한 공백이 먼저 기록되는데 이를 들여쓰기라고 표현한다. 들여쓰기는 파이썬 코드에 자주 등장하는 작성방법인데 행의 처음에 tab키나 공백(space)을 4칸(혹은 2칸) 기입하여 띄어준 후 사용하는 것을 말한다. 이렇게 들여쓴 행들이 모여 반복되는 전체 구문(block)을 구성하고 for문에서는 변수에 새로운 데이터가 할당될 때마다 이 코드 구문이 한 번씩 반복된다. 그리고 반복될 구문에는 for문에서 정의된 변수가 사용되는 경우 계속 그 변수의 데이터가 변경되면서 반복적인 동작을 수행하게 된다.

for문은 기본적으로 일정한 동작을 반복하도록 설계되기 때문에 반복하는 과정에서 변경하고자 하는 데이터가 있을 가능성이 높다. 따라서 반복할 때 변경할 데이터를 넣어둘 변수를 제시할 필요가 있고, 그 변수에 넣을 데이터의 pool이 필요하다. 따라서 이에 맞추어 for문을 작성하면 위와 같으며, for문의 끝은 항상 콜론(:)으로 마무리된다는 것을 기억하며 아래의 예시코드를 통해 학습해 보도록 하자.

예시 코드

```
# for 변수(만들기) in 꾸러미(리스트 등):
a = [1, 2, 3, 4, 5]
for i in a:
    print(i)
    print(i, '두번째 행입니다.')
    print(i, '세번째 행입니다.')

for i in range(len(3)):
    print(i)
```

7) 조건문 if

if문은 조건을 판별할 때 사용되는데 if(만약) 작성자가 설정한 조건이 참이라면, if 아래에 기록한 블록(block)코드를 실행하며 else(아니면) else 블록의 코드를 실행한다. 이 때 else 조건절은 생략이 가능하다. if문은 앞서 배운 반복문과 같이 사용되어 일정한 논리에 따라 동작을 다르게 수행하도록 할 때 사용되는 경우가 많다.

if문은 (조건)과 (적용) 구문이 필요하고, 조건은 if에 이어서 쓴 뒤 끝에 (:)로 마무리하며 (적용) 구문은 다음 줄(이어 써도 되지만 보통은)에 들여쓰기로 작성한다.

예시 코드

```
# if 조건:
a = [1, 2, 3, 4, 5]
for i in a:
  if i == 4:
    print(i, '찾았다')
  elif i == 3:
    print('엇 3도 있네요!')
  elif i == 2:
    print('2를 먼저 찾았네요')
  else:
    print('4가 아닙니다.')


a = 1
for i in range(len(4)):
  if a == 1:
    print('1로 일치')
  elif a == 2:
    print('2로 일치')
  else:
    print("불일치")
```

반복문과 조건문은 아마도 초기 파이썬 사용자가 가장 쉽게 만들 수 있는 프로그램의 주 구성 항목일 것이다. 대부분의 데이터 분석 동작은 for와 if를 응용하여 작성이 가능하기 때문이다. 하지만 이 두 가지 만을 이용하여 작성한 프로그램은 시간과 자원이 비효율적으로 사용될 가능성이 높은데, 이용하기 쉬운 만큼 단순한데 그 이유가 있다. 이는 점차 파이썬을 이용한 분석의 수준이 높아질수록 스스로 느끼게 될 것이며, 데이터의 양이 많아져 코드의 작동 시간이 늘어날 때 병목현상을 보이는 코드를 더 효율적으로 작성하면서 차차 개선해 나가도록 하자.

8) 클래스(Class)

문서를 작성하는 과정에서 문서 전반적으로 사용하는 반복적인 코드가 있을 때 사전에 해당 코드를 미리 만들어 놓고 이후에는 필요할 때마다 간단하게 불러와서 쓸 수 있는데 이때 미리 만들어놓은 코드 class라 한다.

예를 들어 부동산 정보를 받아와 가공하고 분석하면서 다른 지역의 부동산 정보를 분석에 반영하는 작업을 반복한다면 부동산 정보를 요청하고 받아오는 작업을 코드 내에 반복해서 쓰기보다는 class로 만들어 놓고 필요할 때마다 원하는 지역의 데이터를 불러오는 것이 편할 것이다. 이때 데이터를 불러오는 코드를 만들어 놓고 함수(def)에 만들어 놓고 쓸 수 있으며, 이러한 함수가 여러개 모여 있는 형태가 클래스(Class)이다. 이렇게 클래스는 다수의 함수가 모여있는 구조를 의미하고, 보통 우리가 이용하는 라이브러리(패키지)가 대부분 class로 구성되어 있다.

9) 기타

앞서 배운 파이썬의 기본 코드들 외에 자주 사용하는 함수를 아래와 같이 정리해 보았다. 물론 이 외에도 훨씬 더 많은 함수가 있겠으나 이는 작성자가 필요에 따라 구글 검색을 통해 찾아 이용할 것을 추천한다. 이때 명심할 점은 작성자가 생각하는 동작은 이미 다른 누군가가 한 번

쯤 시도해 보고 개선을 거쳐 완성한 코드가 있으며, 이를 온라인에서 검색해 볼 수 있다는 것이다.

연산자/함수	설 명	예 시
print	중간 작업/결과값을 확인할 때 사용 보여줄 내용이 긴 경우 임의로 잘라서 표시되는데 모두 표시하고 싶다면 to_string()을 붙여사용	print(a)
as	특정 라이브러리를 불러와(import) 사용할 때 라이브러리 이름을 작성자가 원하는 문자로 축약해서 사용하는 함수	import pandas as pd
들여쓰기	반복문이나 조건문을 사용할 때 해당 조건이나 반복이 수행되는 구분을 tab키나 space4번을 입력하여 사용	if a>1: print(a)

(8) 재무데이터 수집 및 비율분석 실습

비전공자이자 비직무자에게 파이썬은 단지 데이터를 분석하고자 하는 목적을 달성할 수 있으면 충분하고, 이러한 목적에 적합한 학습의 깊이는 스스로 설정한 분석의 목적과 기대하는 결과물에 따라 달라진다. 아마도 직접 작성한 코드를 통해 분석의 범위를 넓혀나가다 보면 다양한 데이터와 분석모델을 적용한 전문적인 분석에 대한 욕구가 생겨나길 기대한다.

재무 분석을 위해 사용할 수 있는 다양한 API 데이터의 수집을 시작으로 파이썬 코드를 이용한 분석 자동화 및 시각화 사례를 학습하고자, 저자가 운영하는 블로그(tacoz.net)에 Colab을 통해 실습을 수행할 수 있는 완성코드와 기초 학습과정이 있으니 이를 참고하여 학습해 보도록 하자.

| 저 | 자 | 소 | 개 |

■ 윤상철

2010년 한국공인회계사 시험을 합격하고 같은 해 10월 삼일회계법인에 입사하였다. 삼일회계법인에서는 재무자문과 가치평가 및 실사업무, 세무업무를 수행하였다.

현재 스타트업 경영진으로서 활동하고 있으며, 데이터를 활용한 기업분석 연구와 함께 관련 강의를 수행하고 있다.

삼성과 LG, 현대, 롯데와 같은 대기업과 스타트업 그리고 금융감독원, 예금보험공사, 서울회생법원과 같은 공공기관을 대상으로 회계와 세무, 가치평가, 파이썬을 이용한 데이터 분석의 주제로 지식의 소통을 이어가고 있다.